ACTIVITÉS DE LA JOURNÉE DE NEIGE POUR LES ENSEIGNANTS

CAHIER DE COLORIAGE POUR LES ENSEIGNANTS

Coloring Bandit

Publié par Speedy Publishing Canada Limited

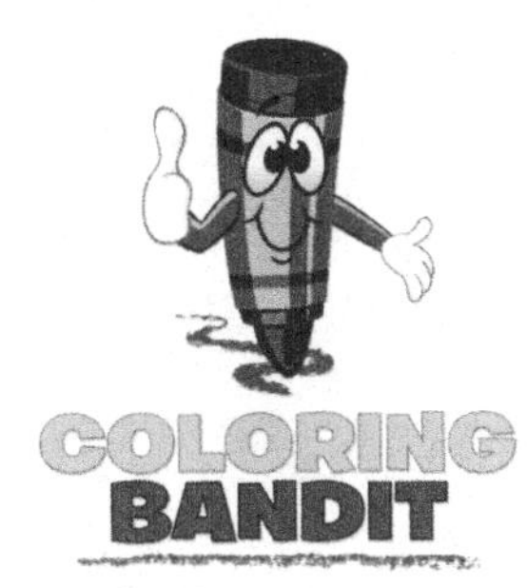

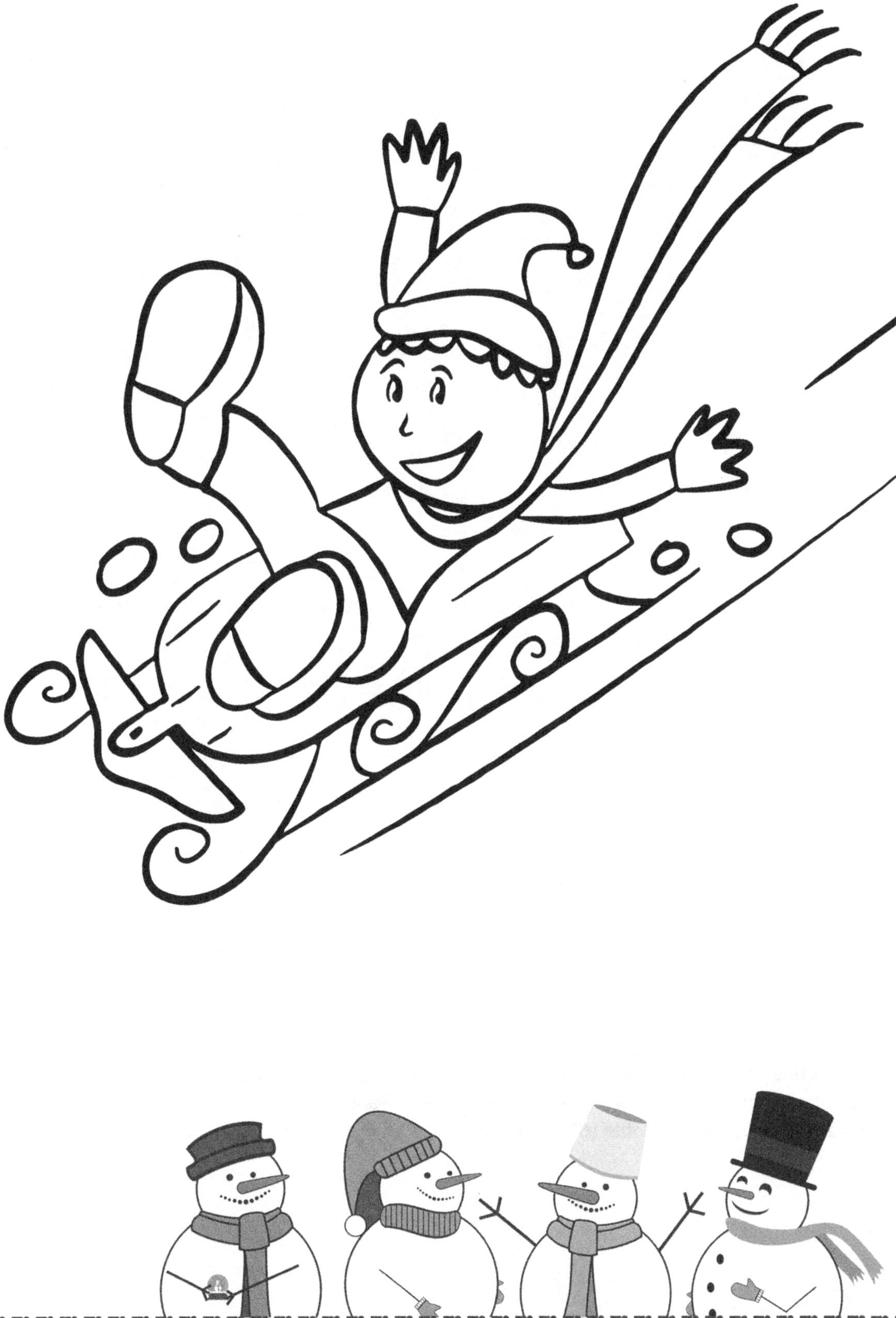

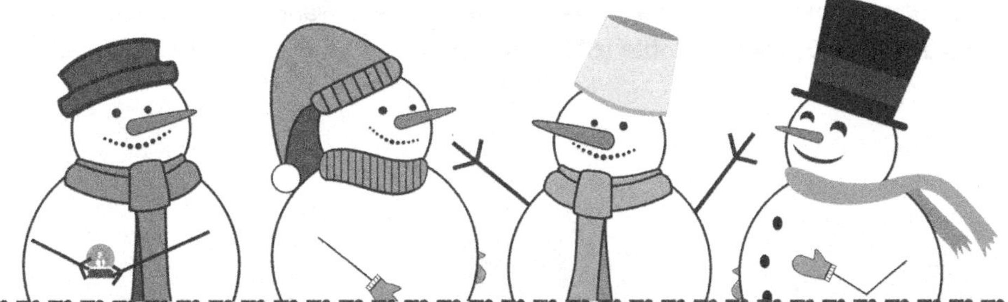

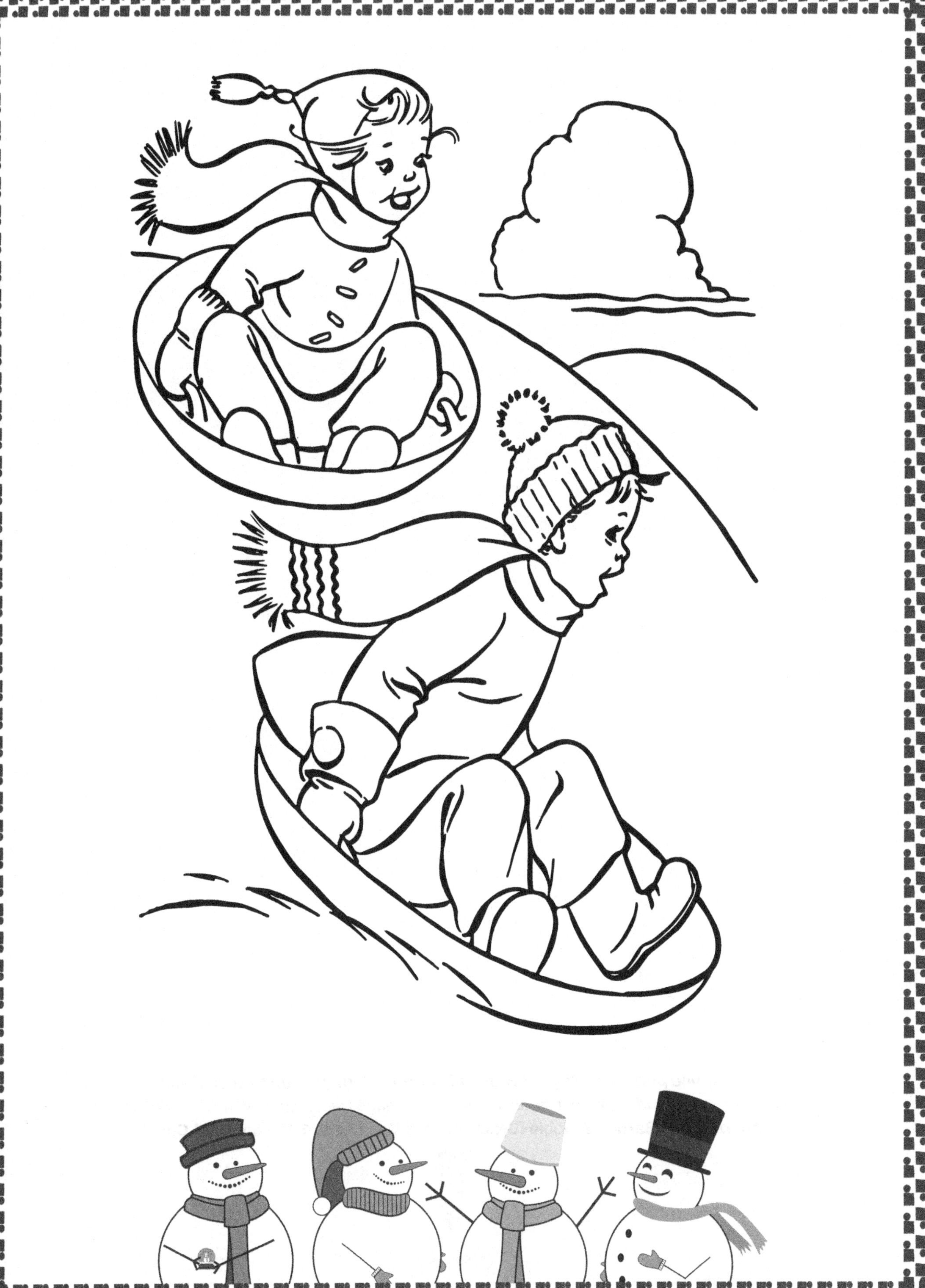

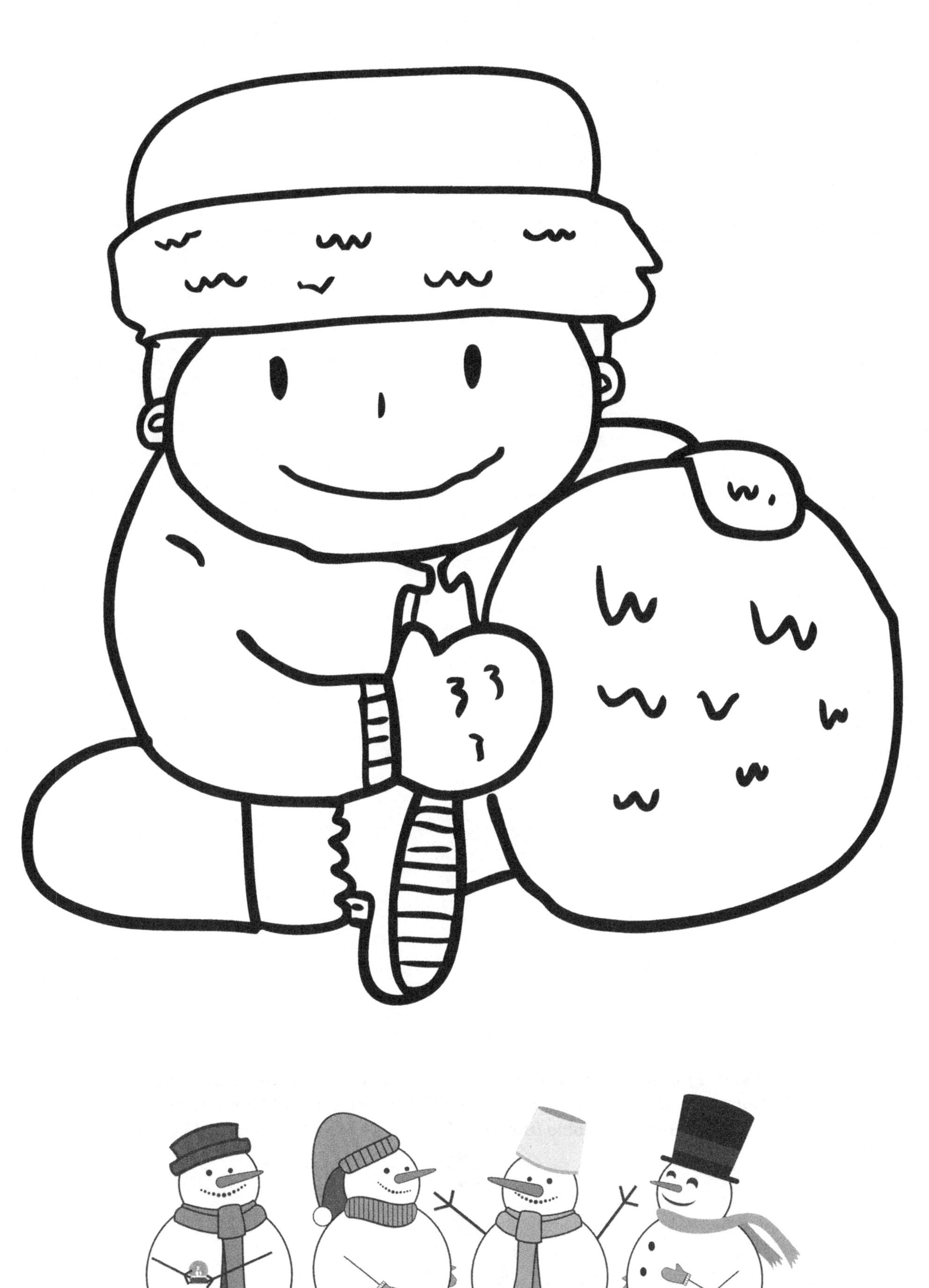

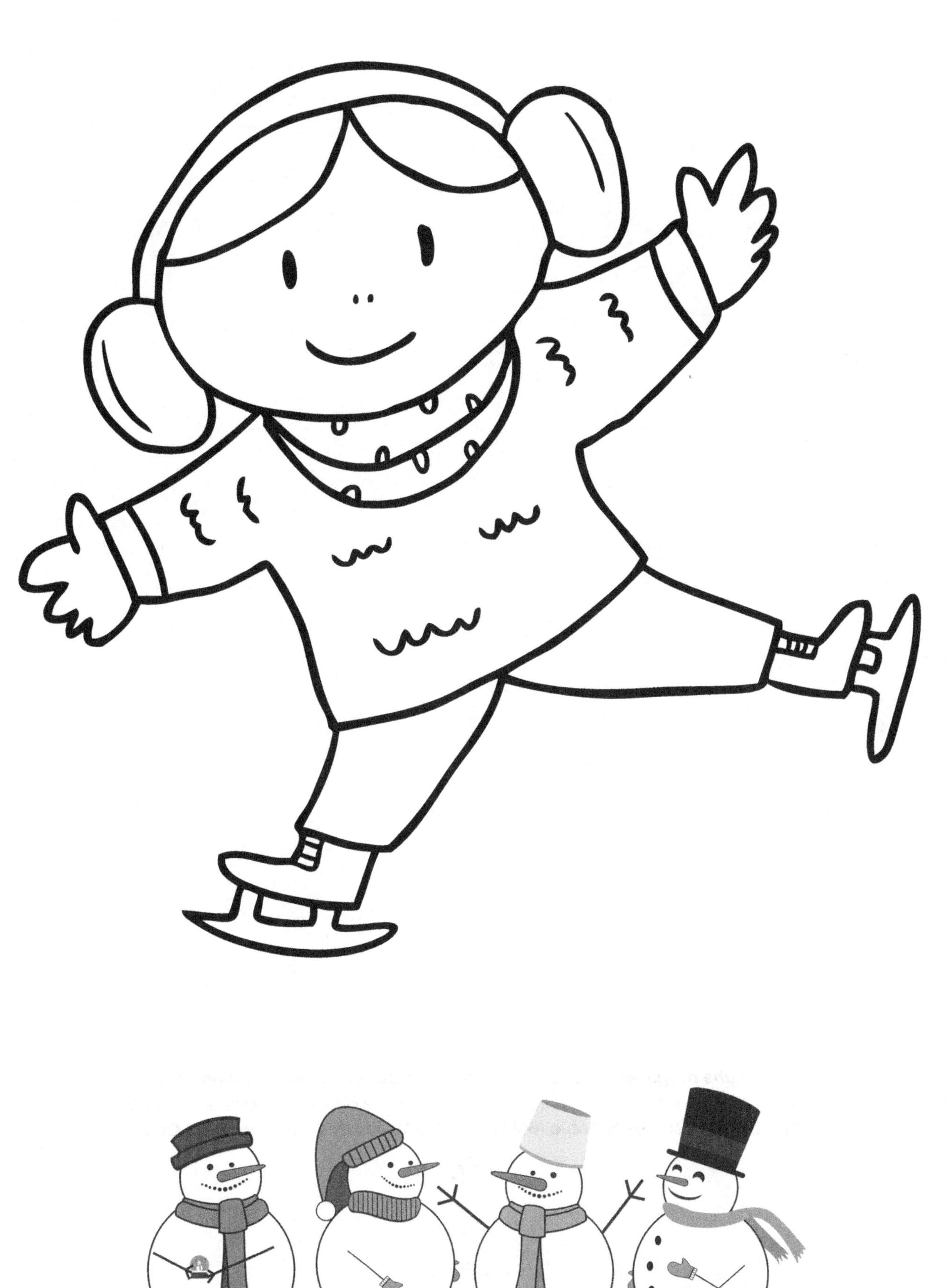

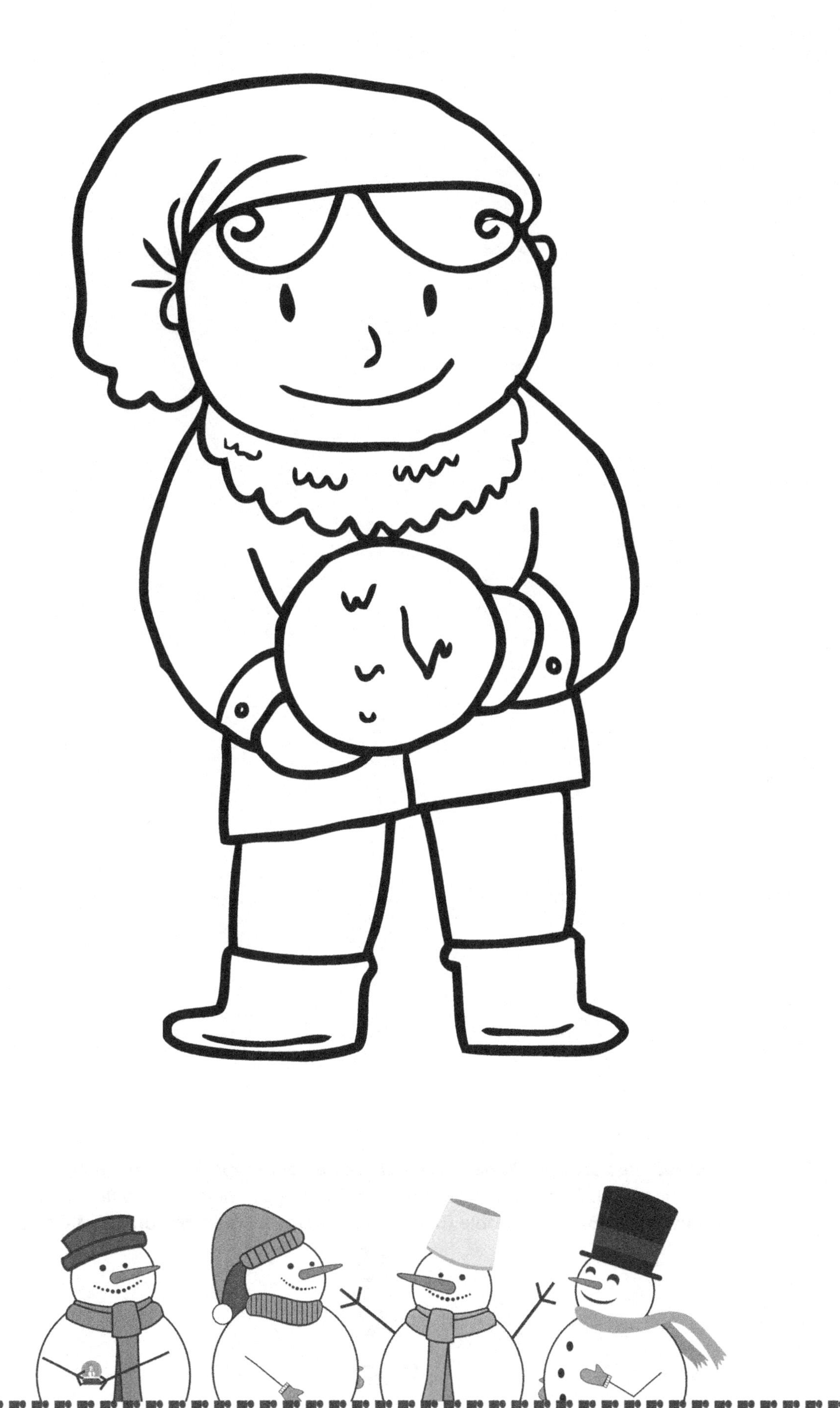

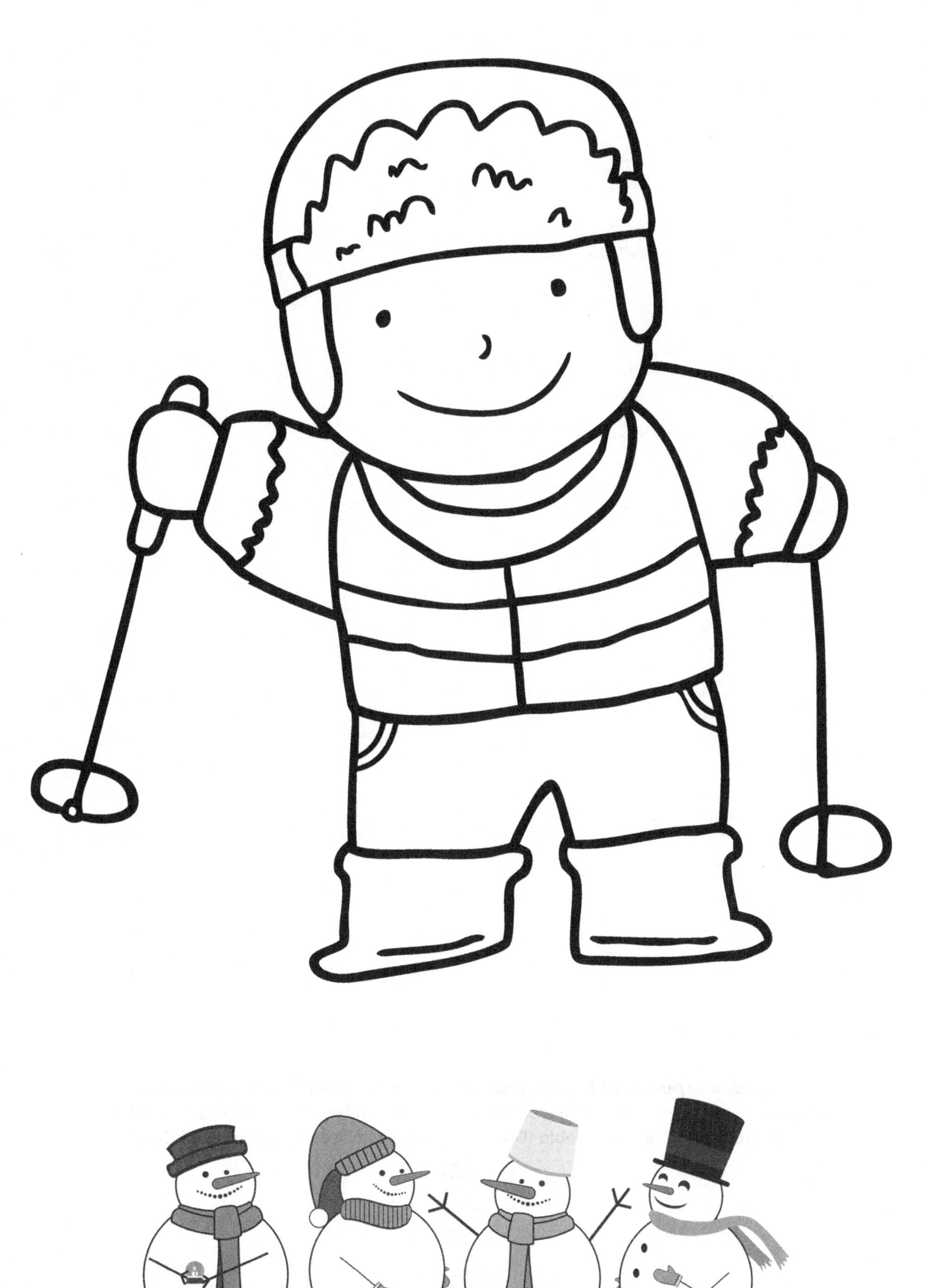

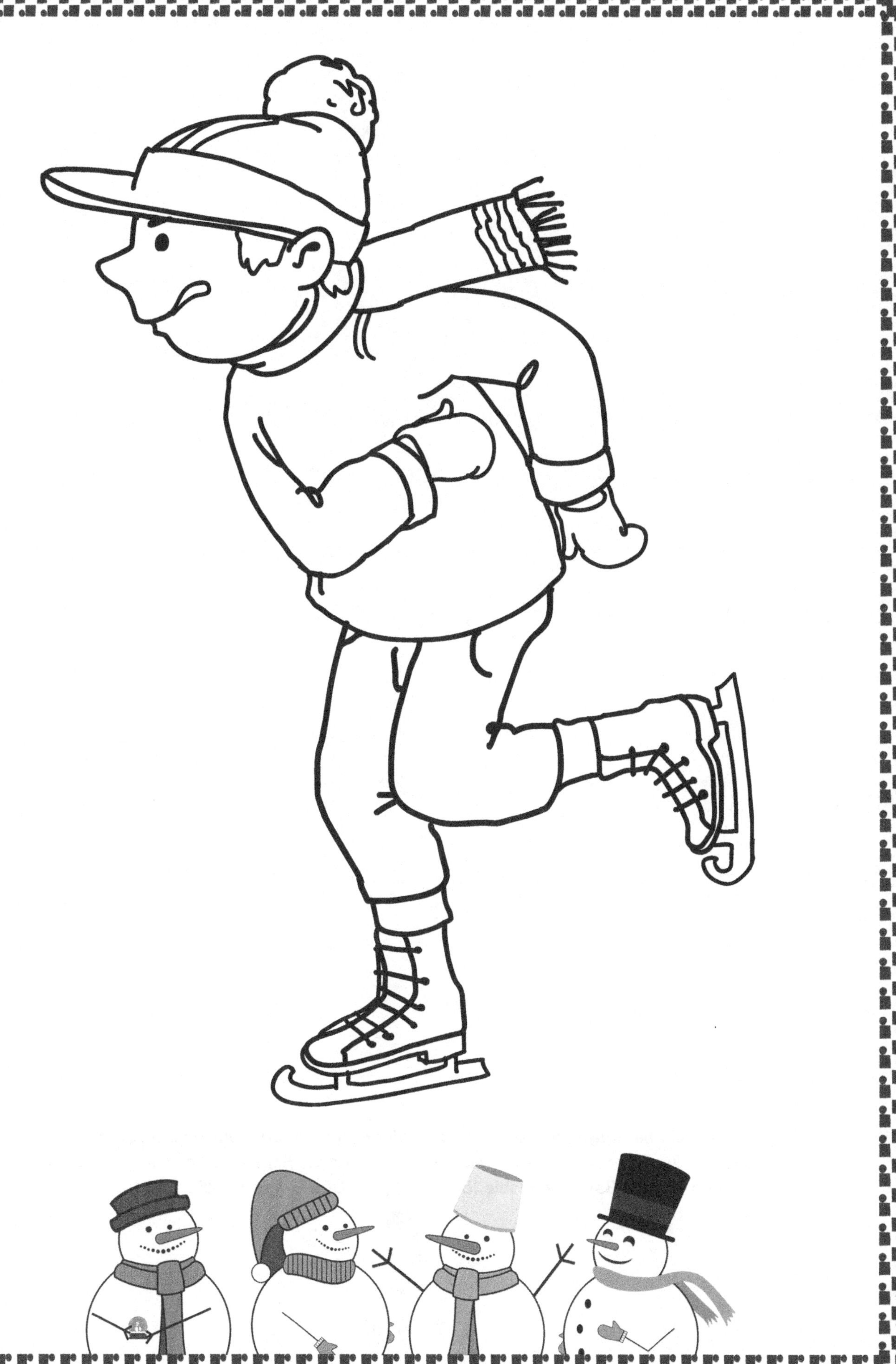

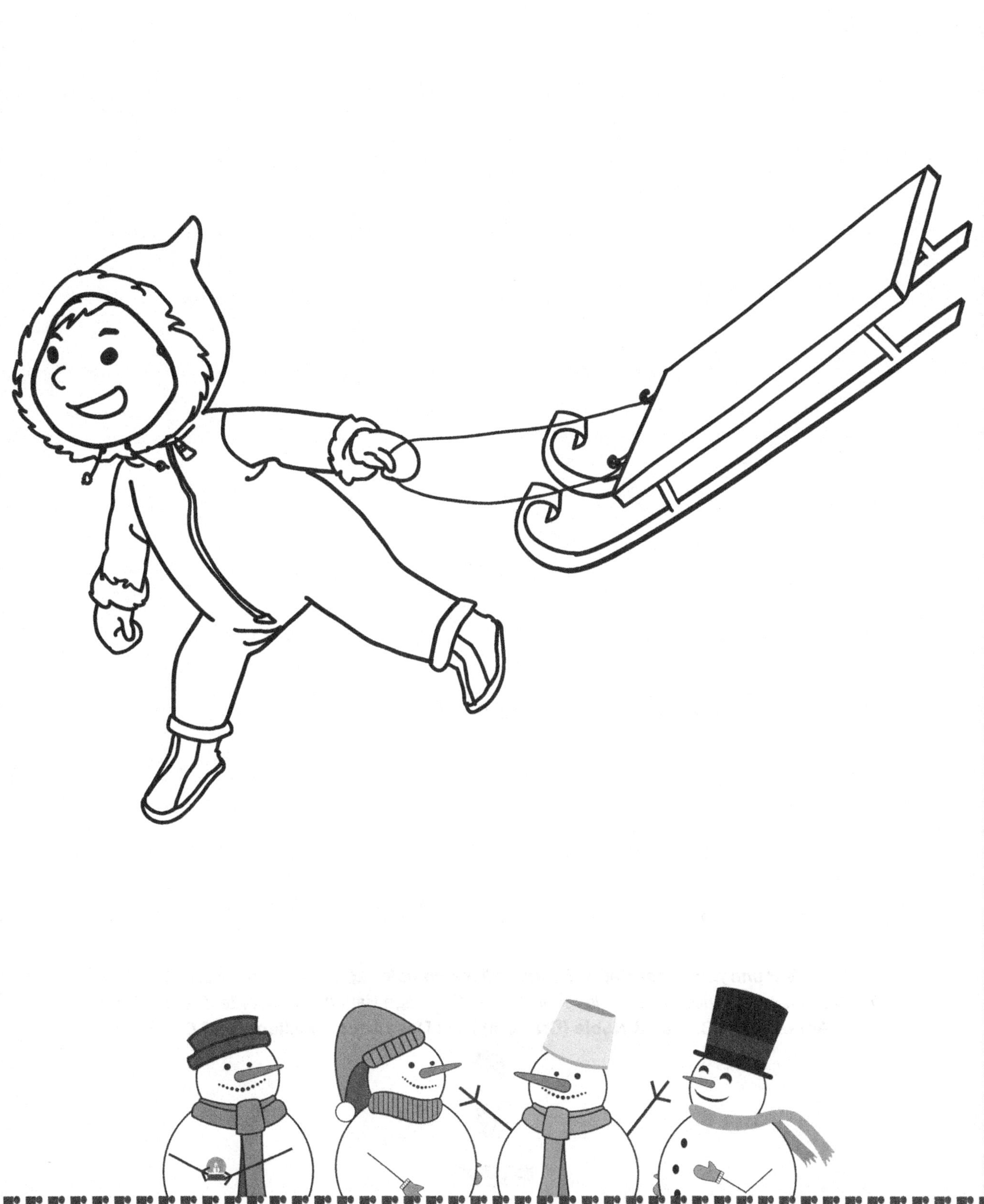

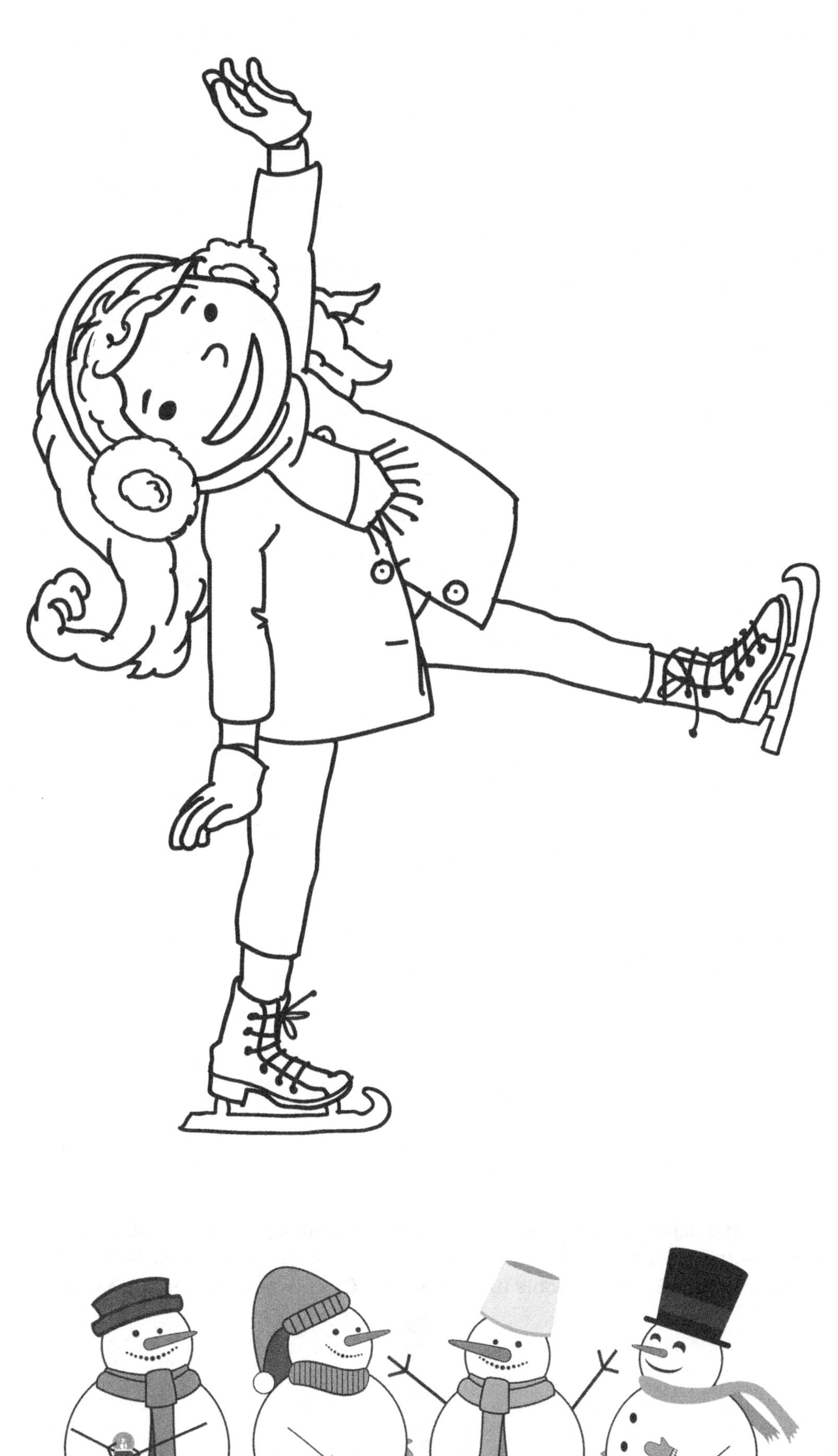

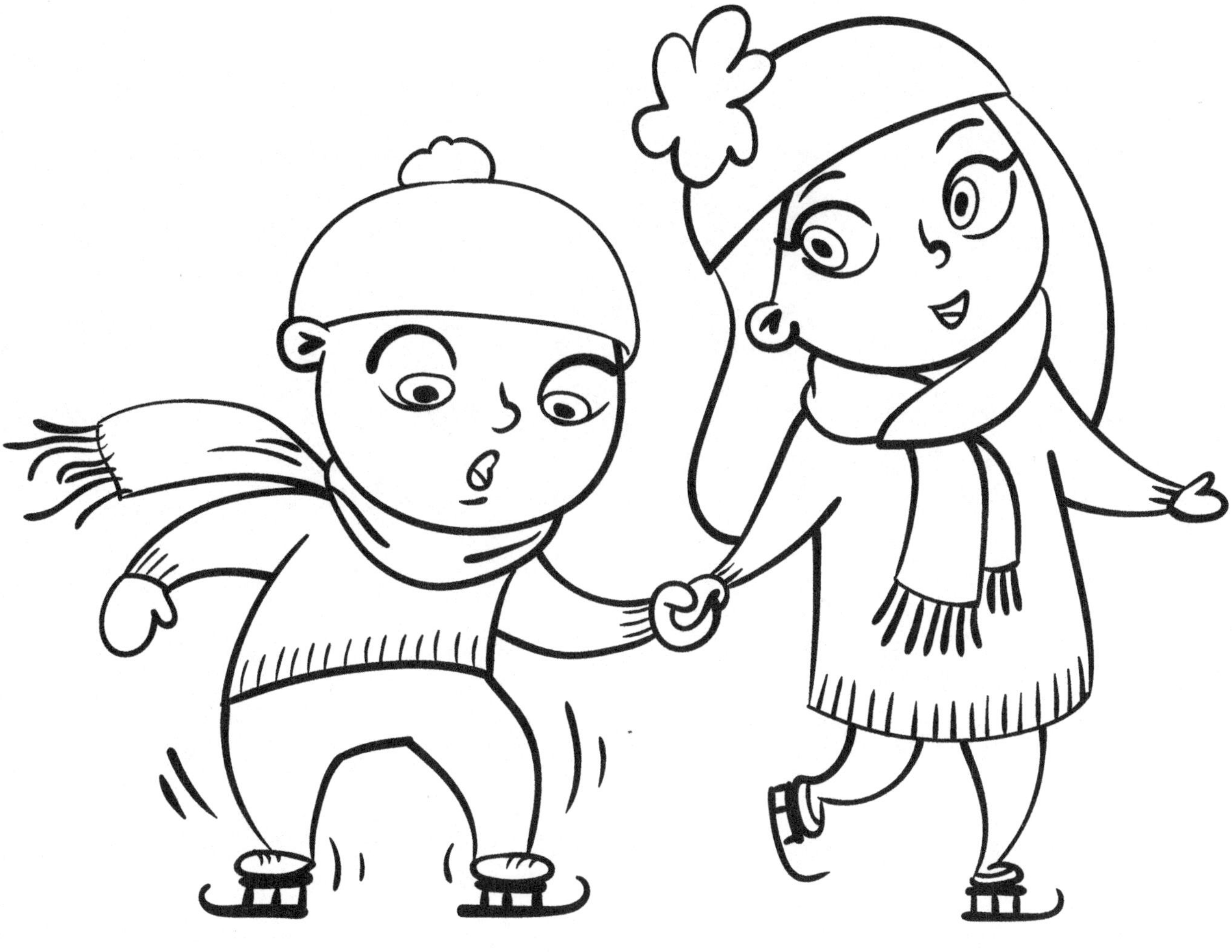

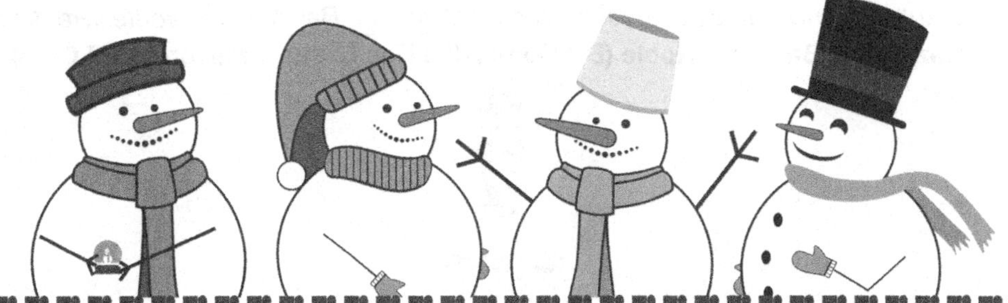

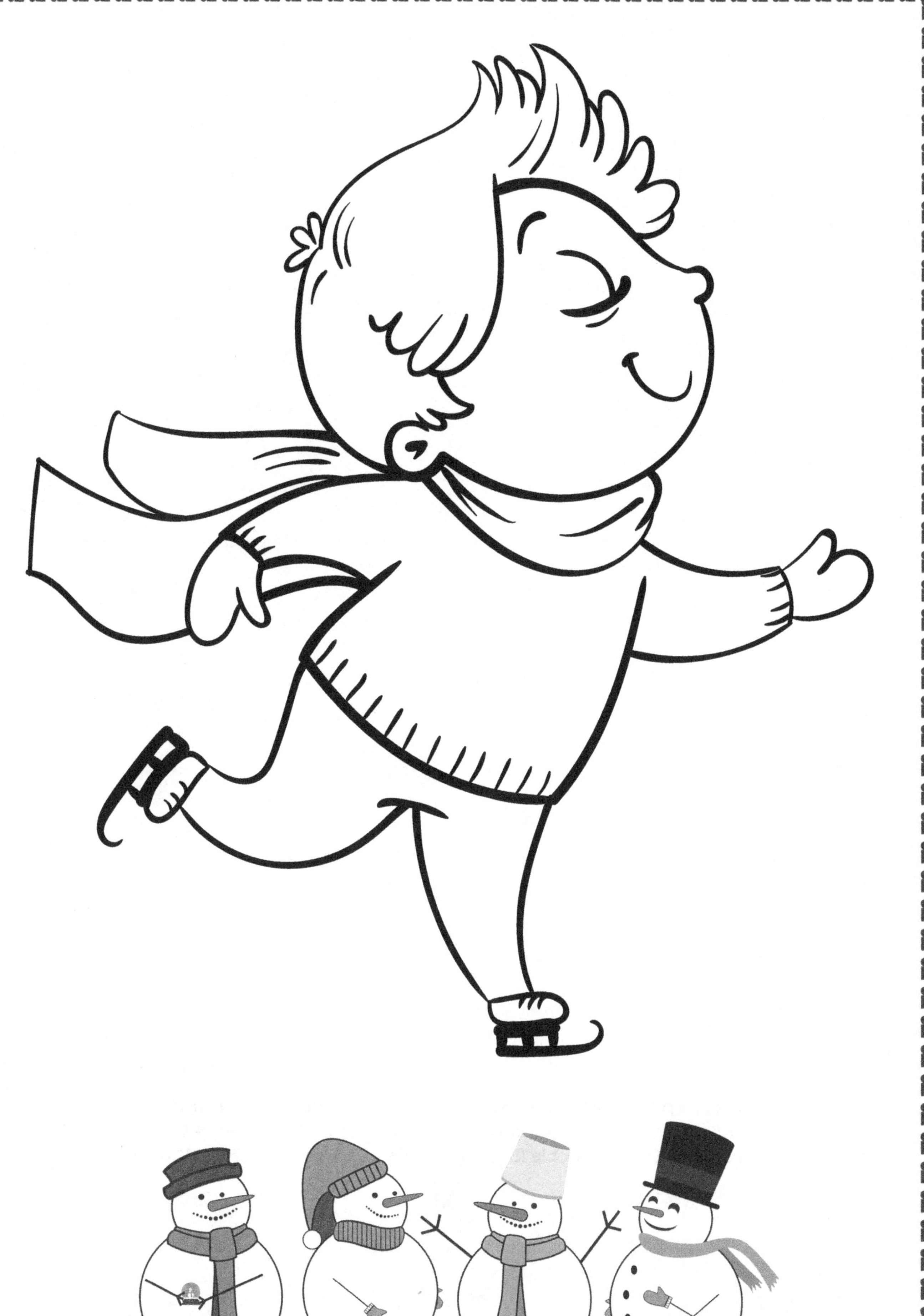

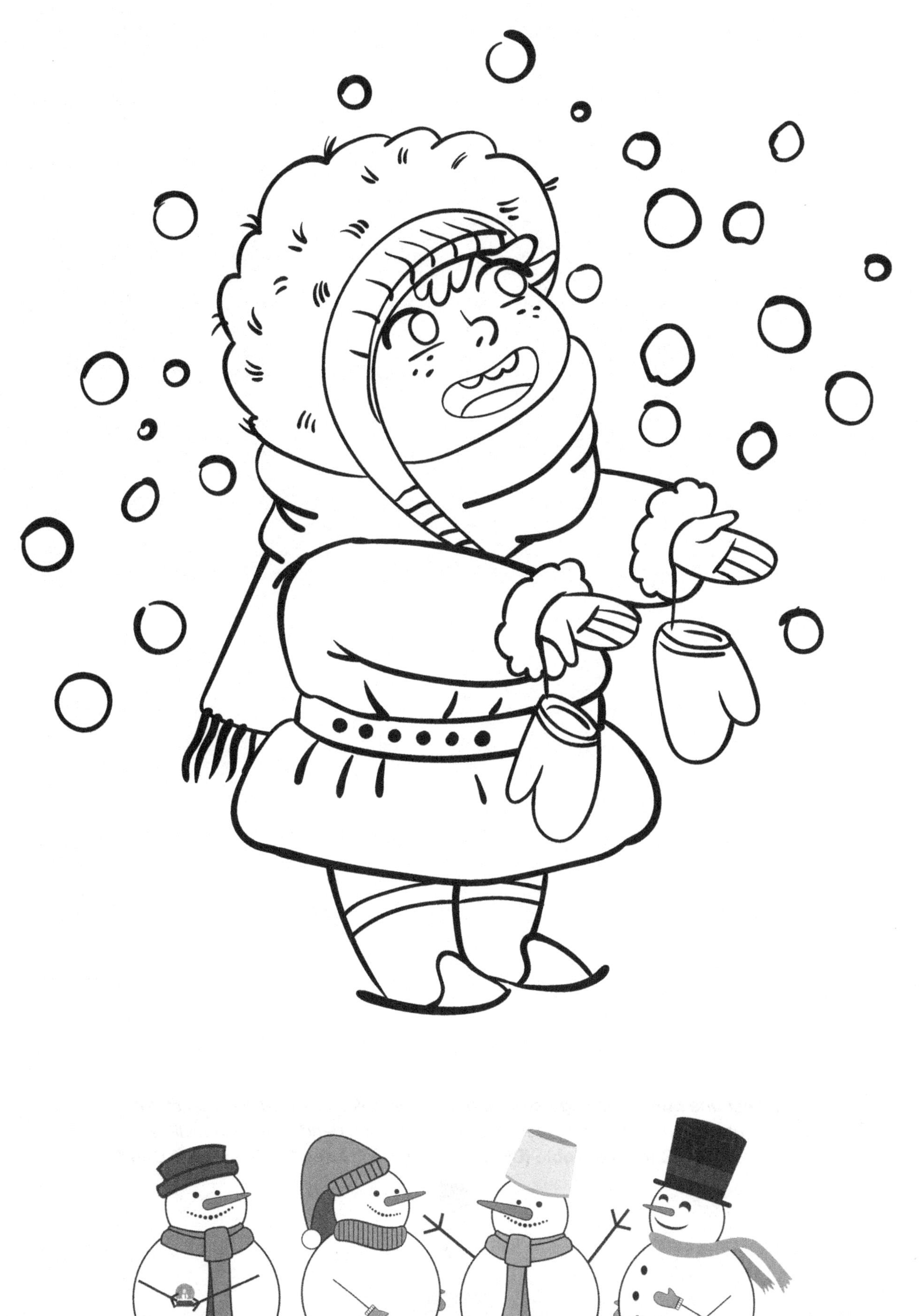

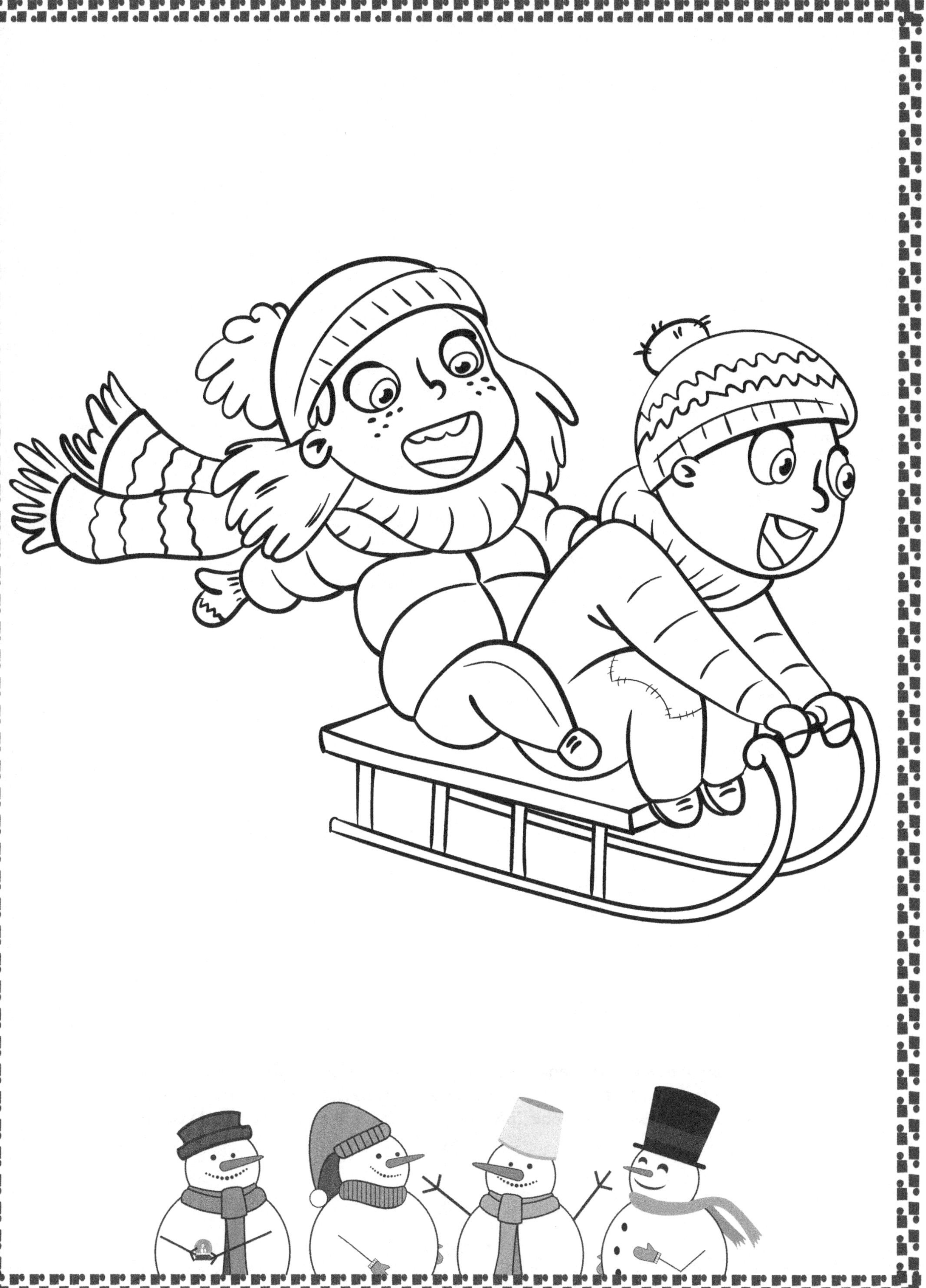

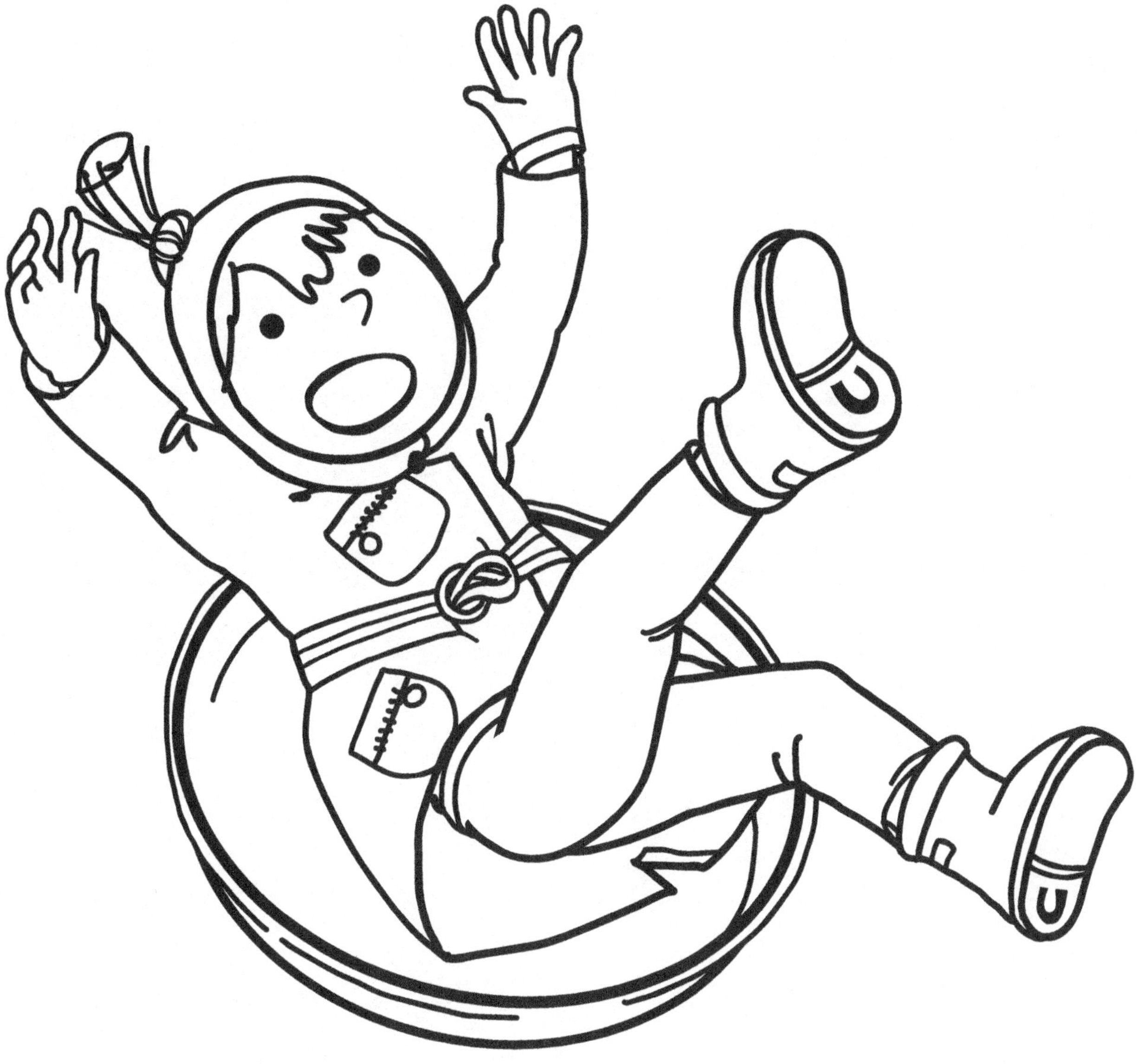

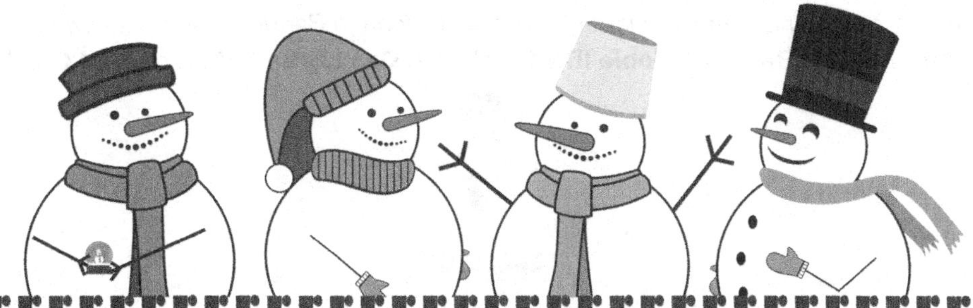

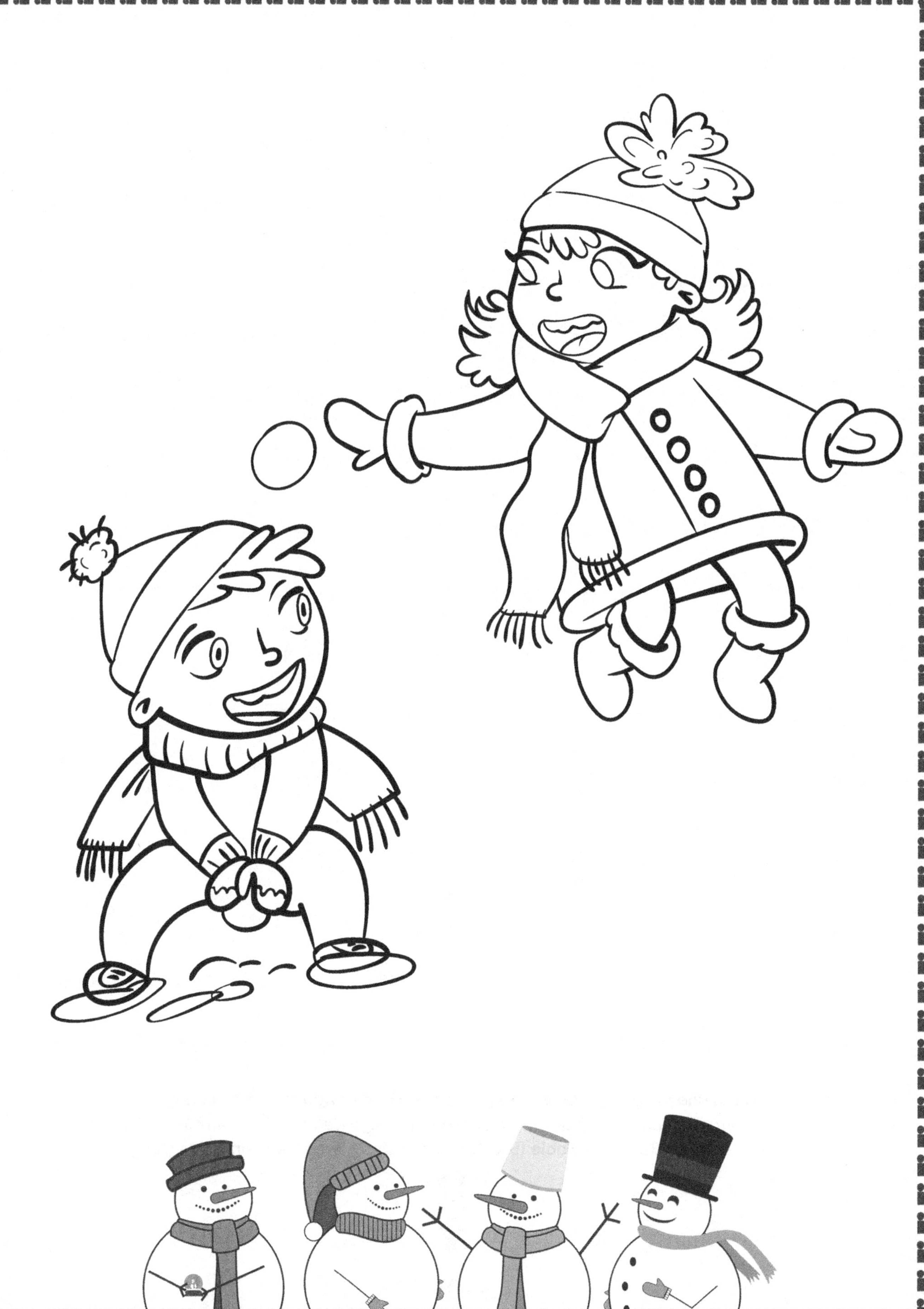

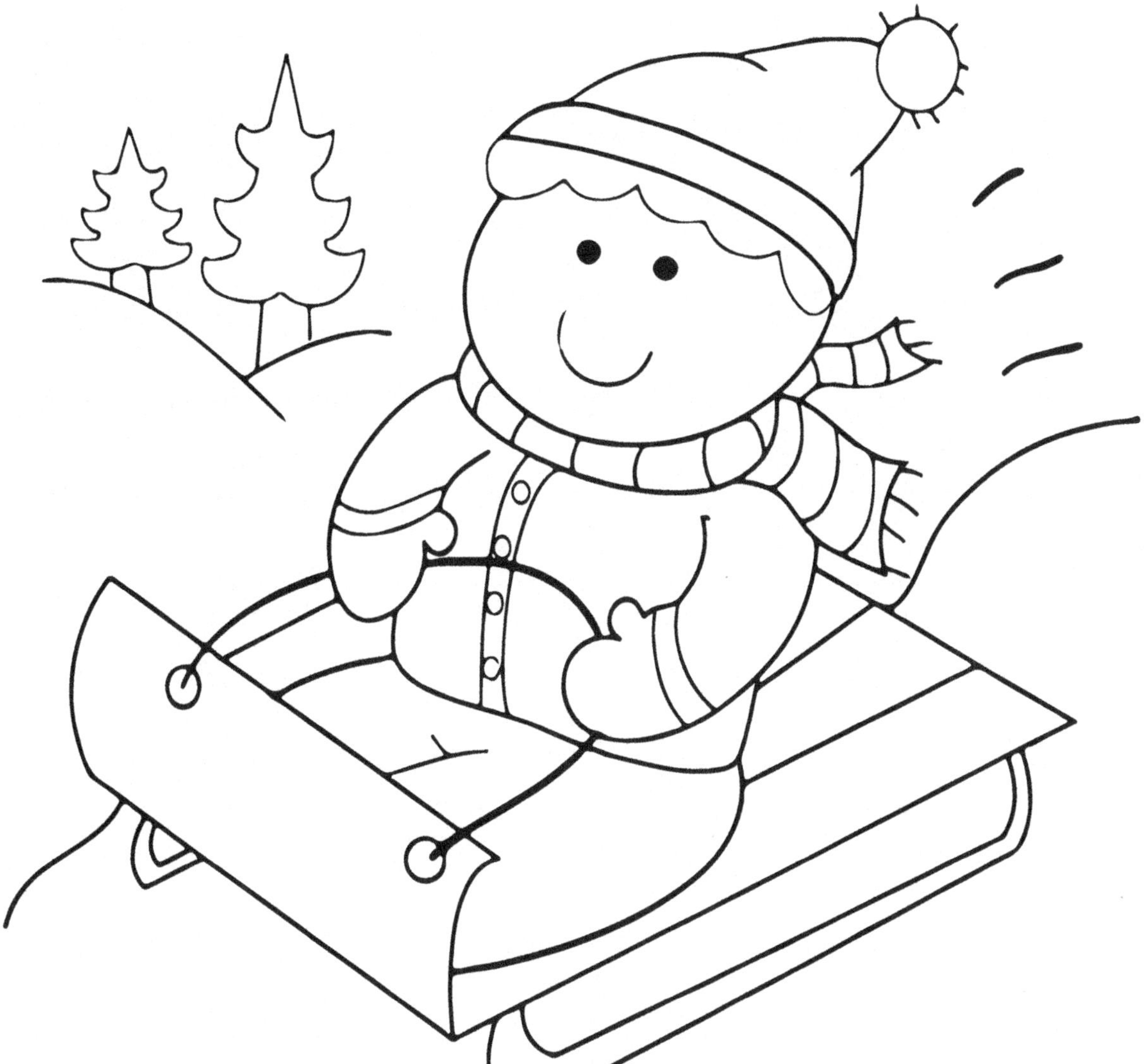

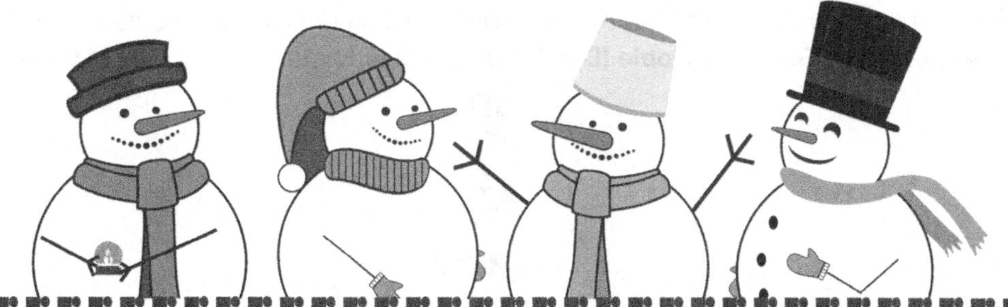

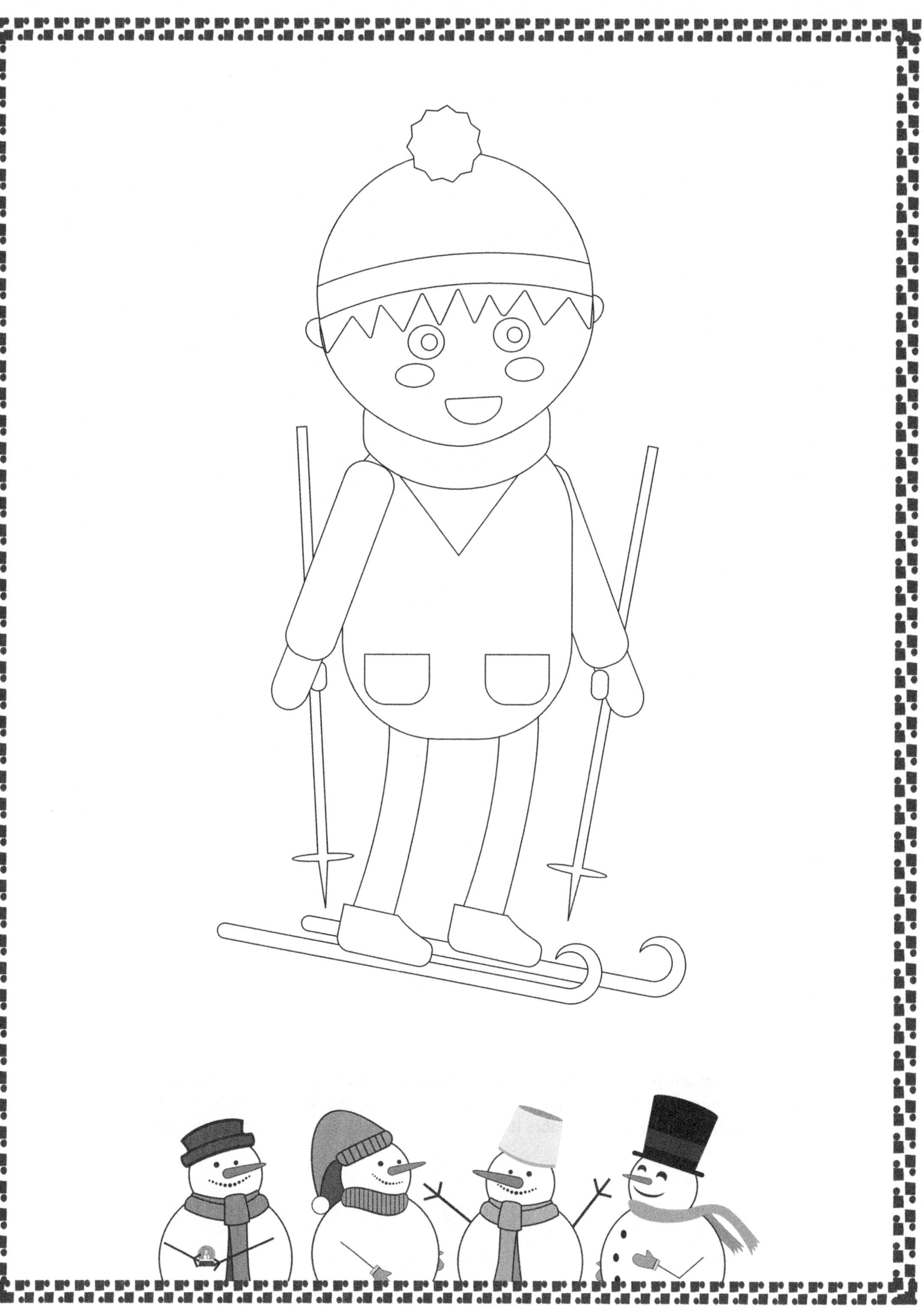

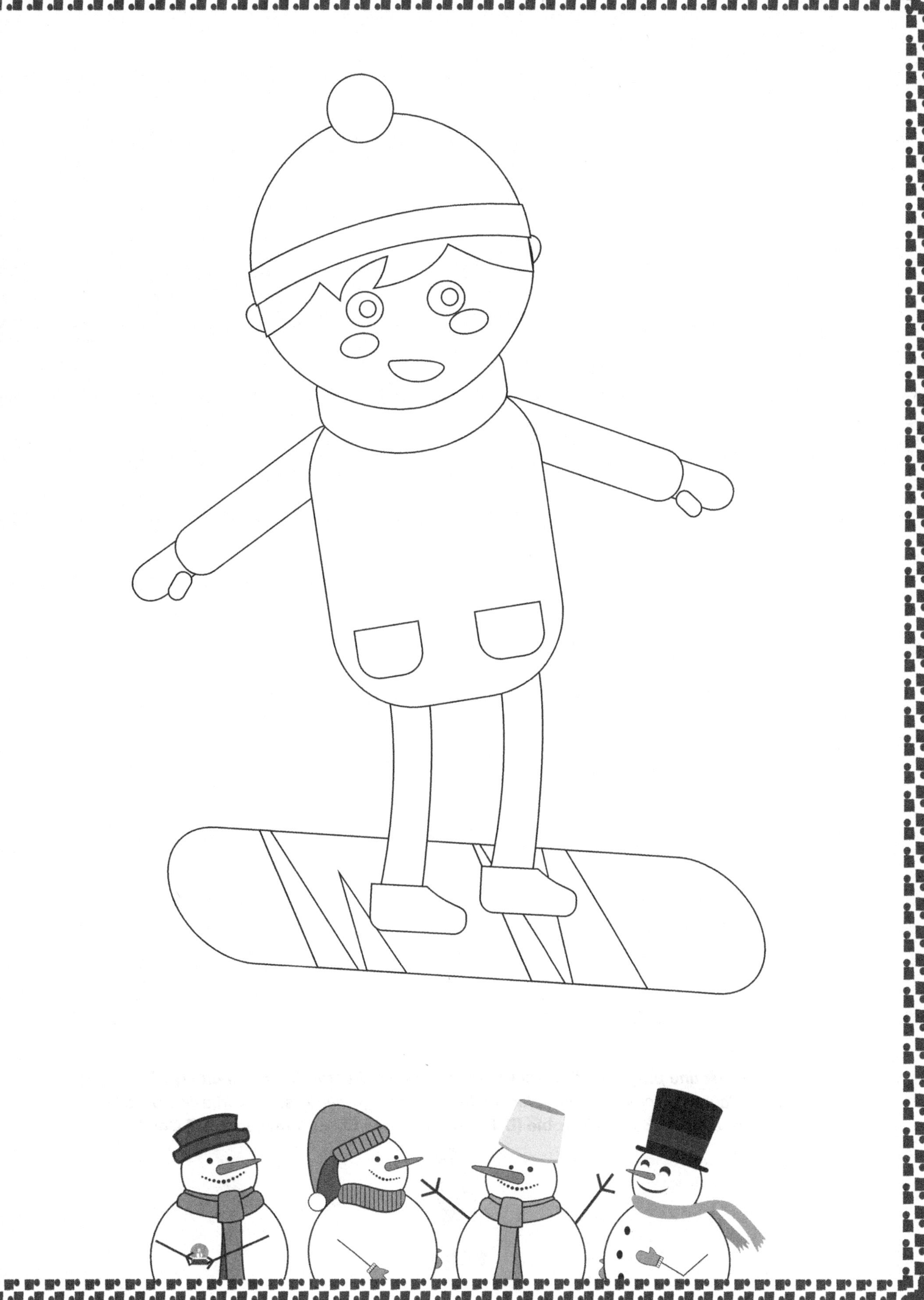

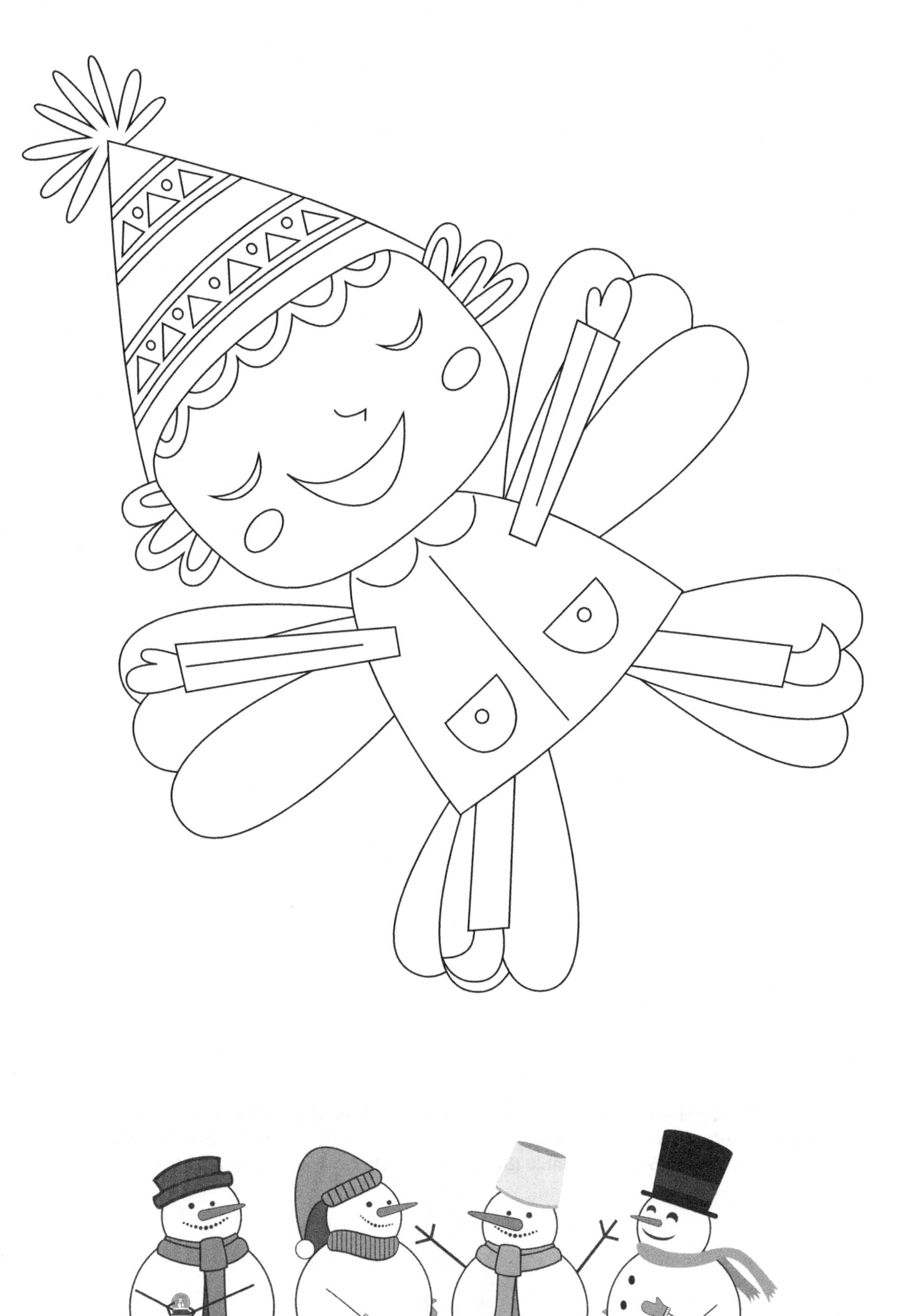

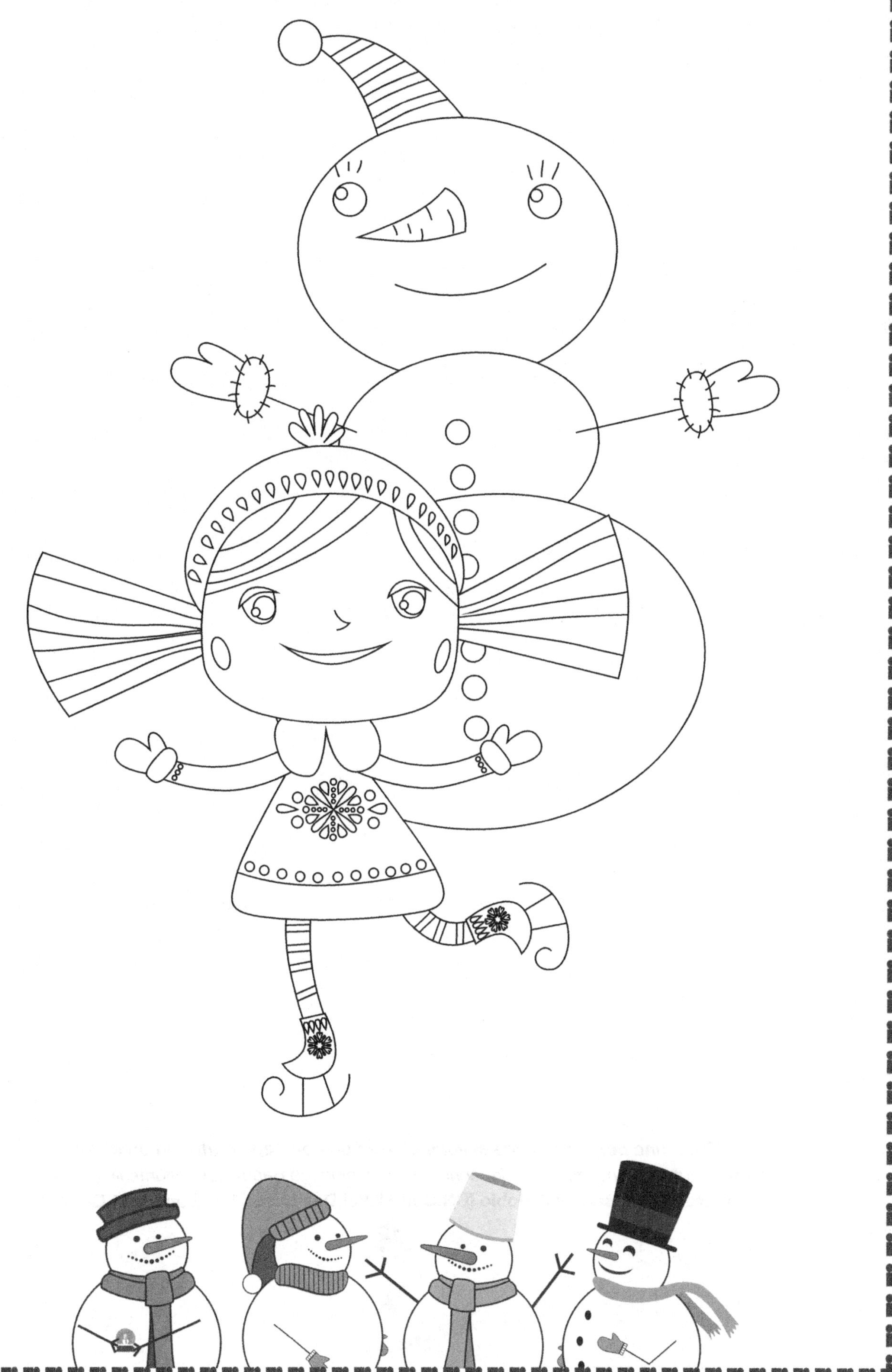

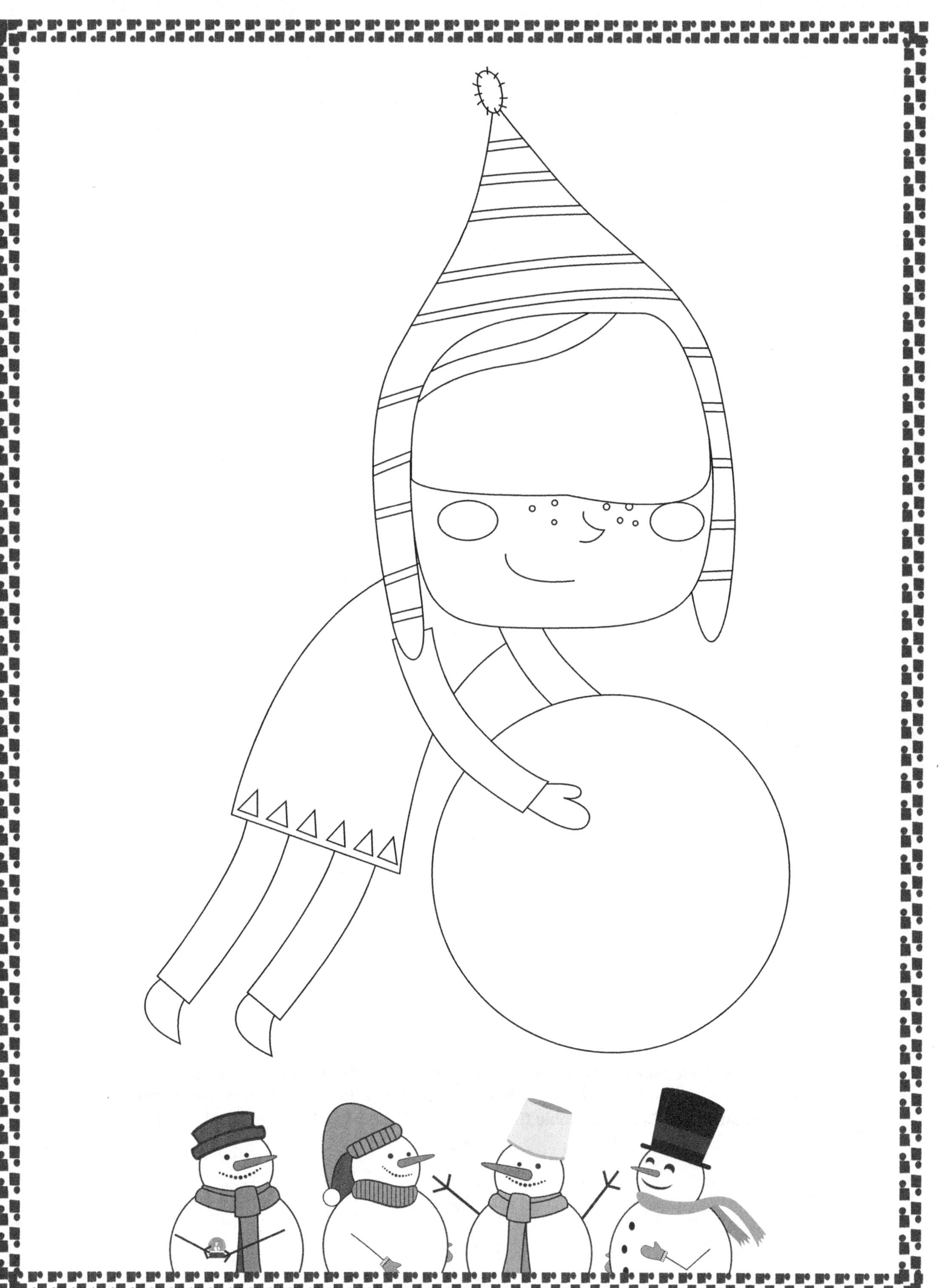

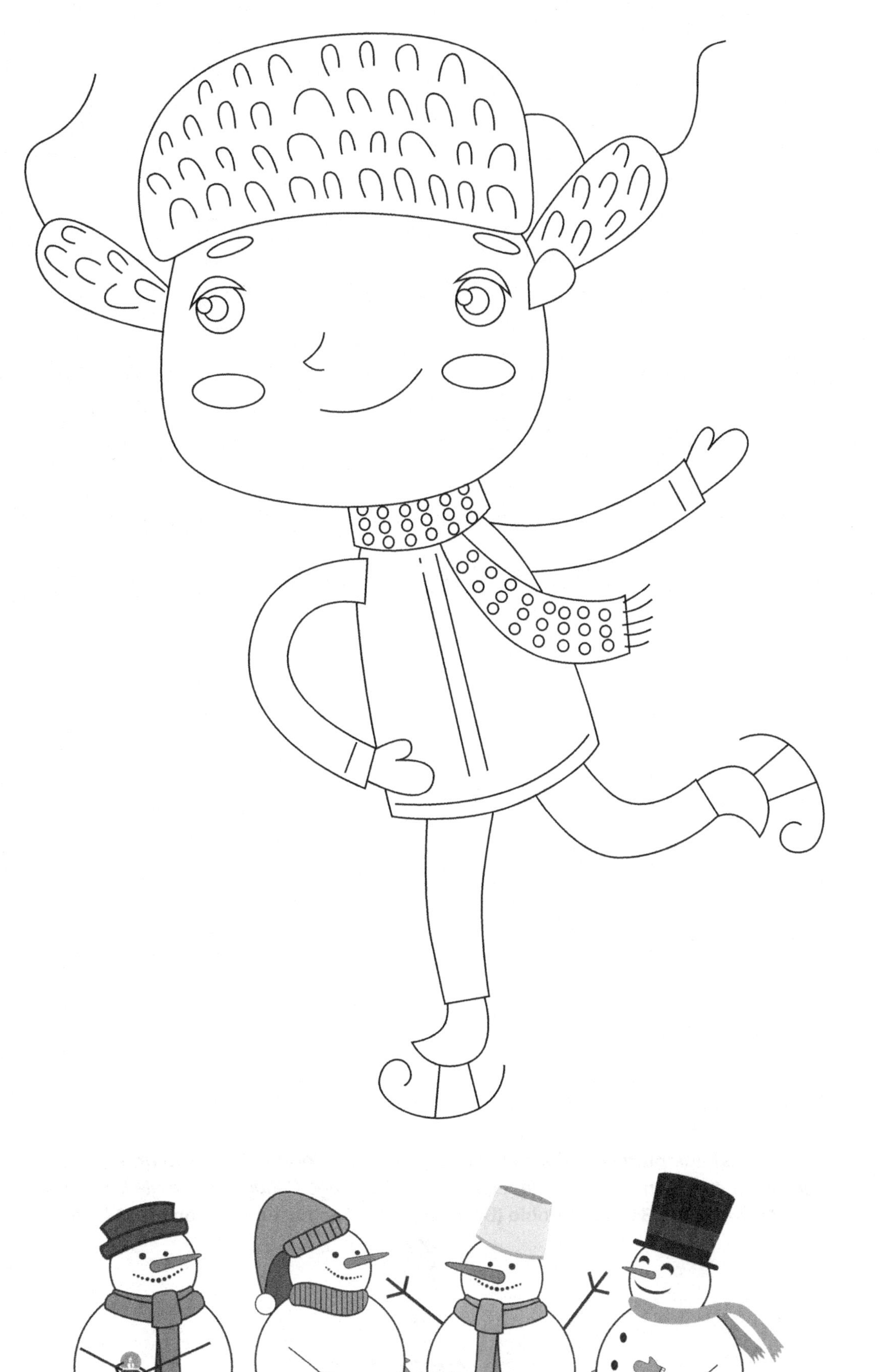

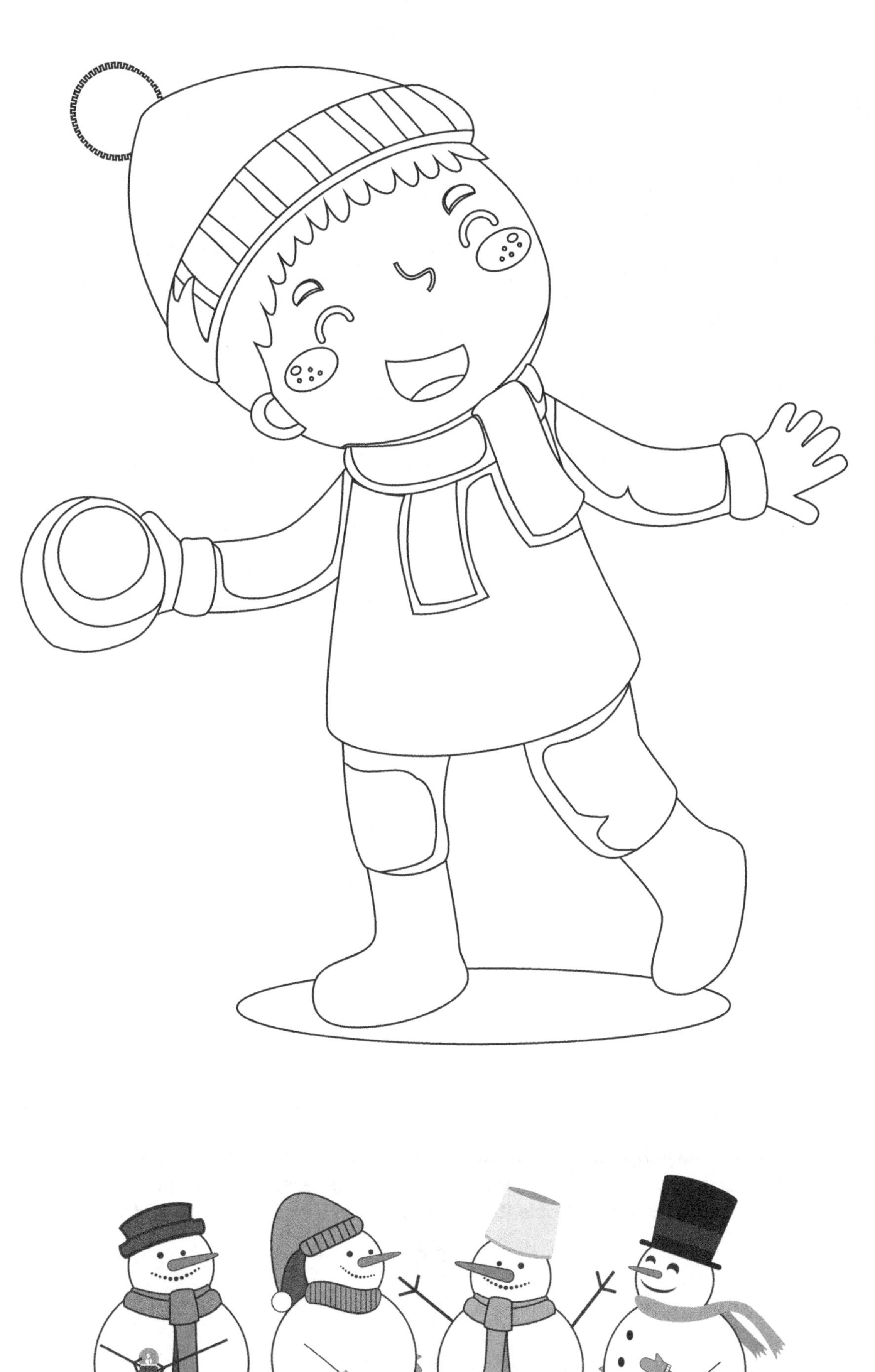

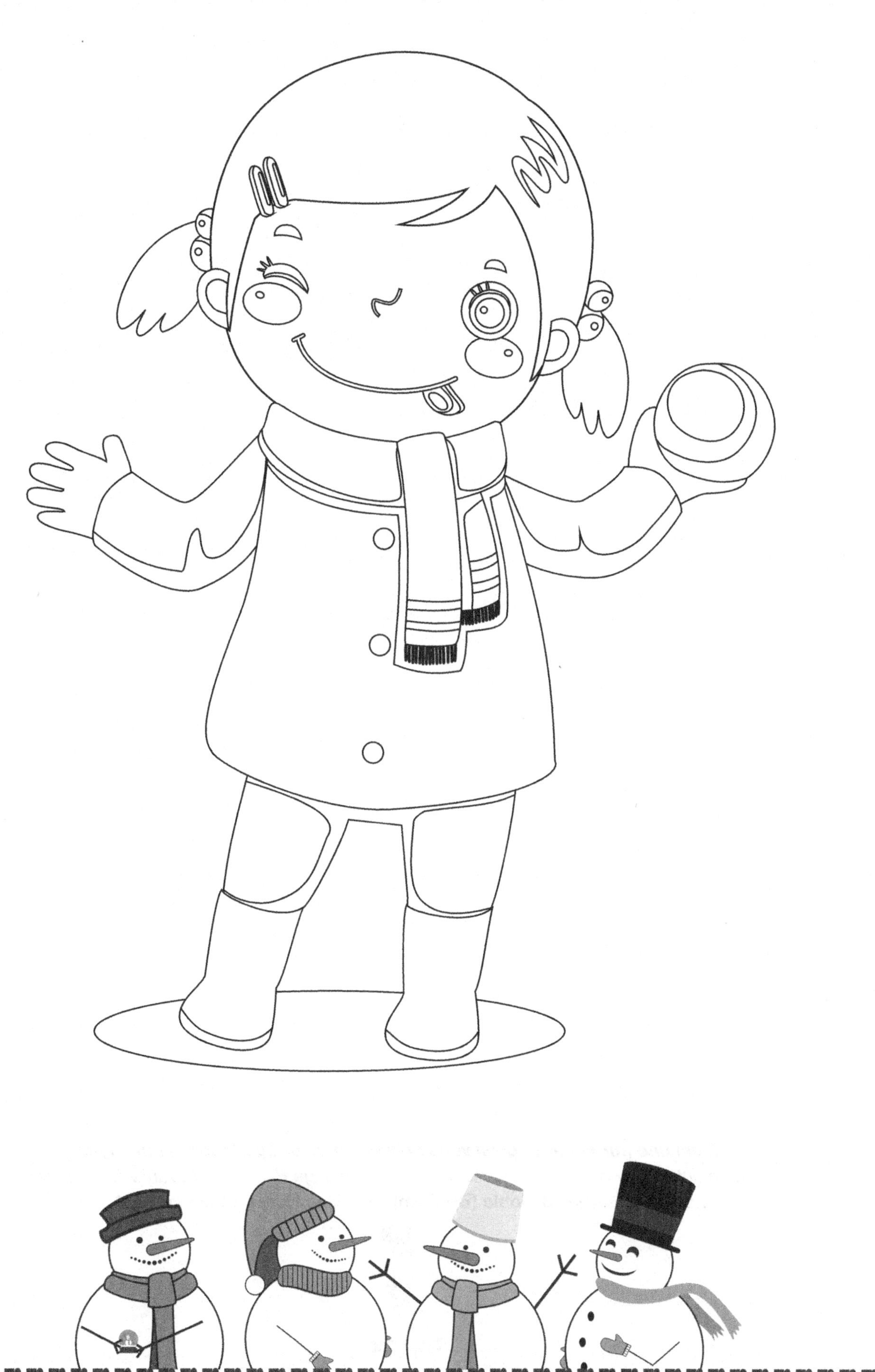

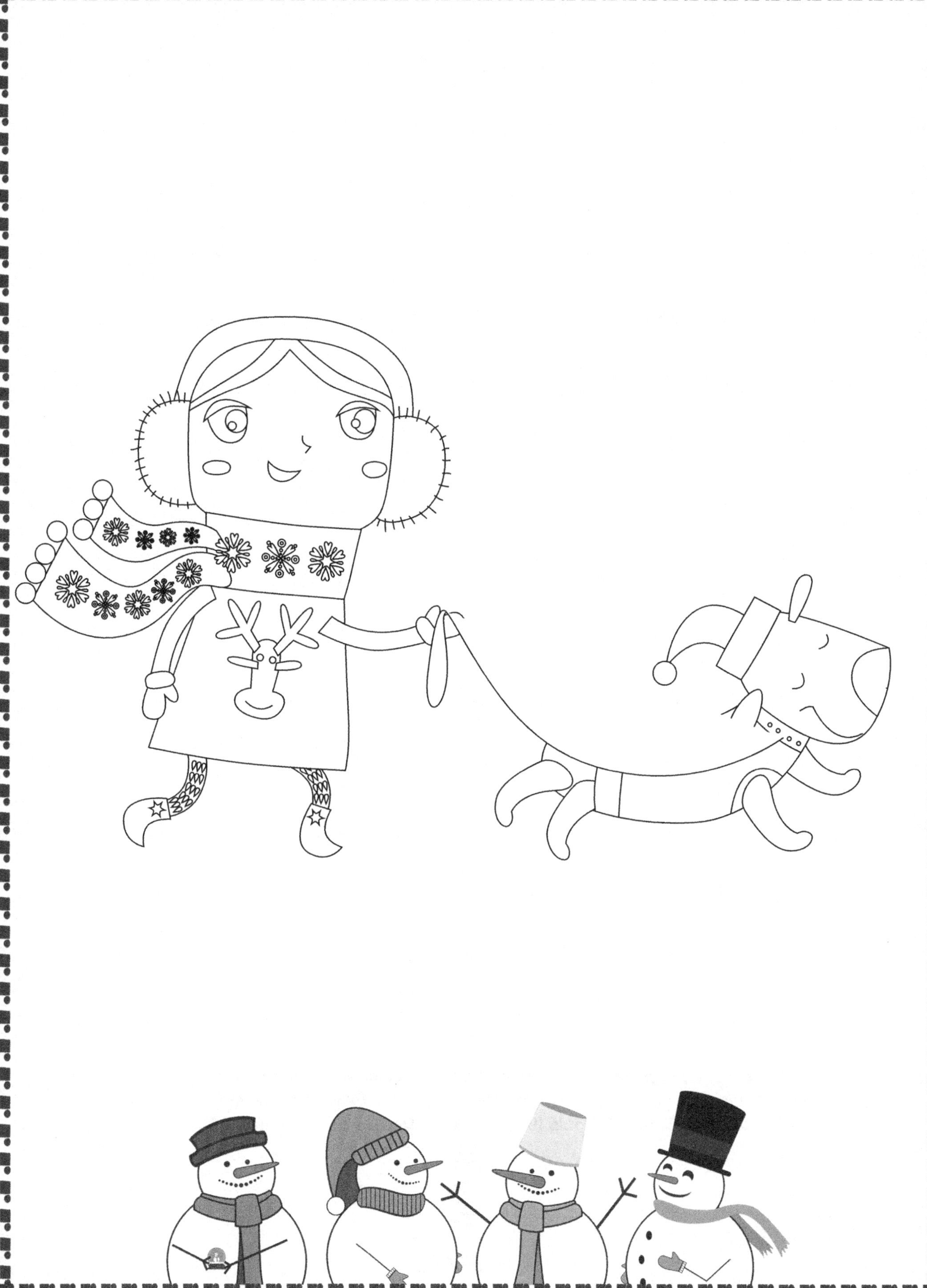

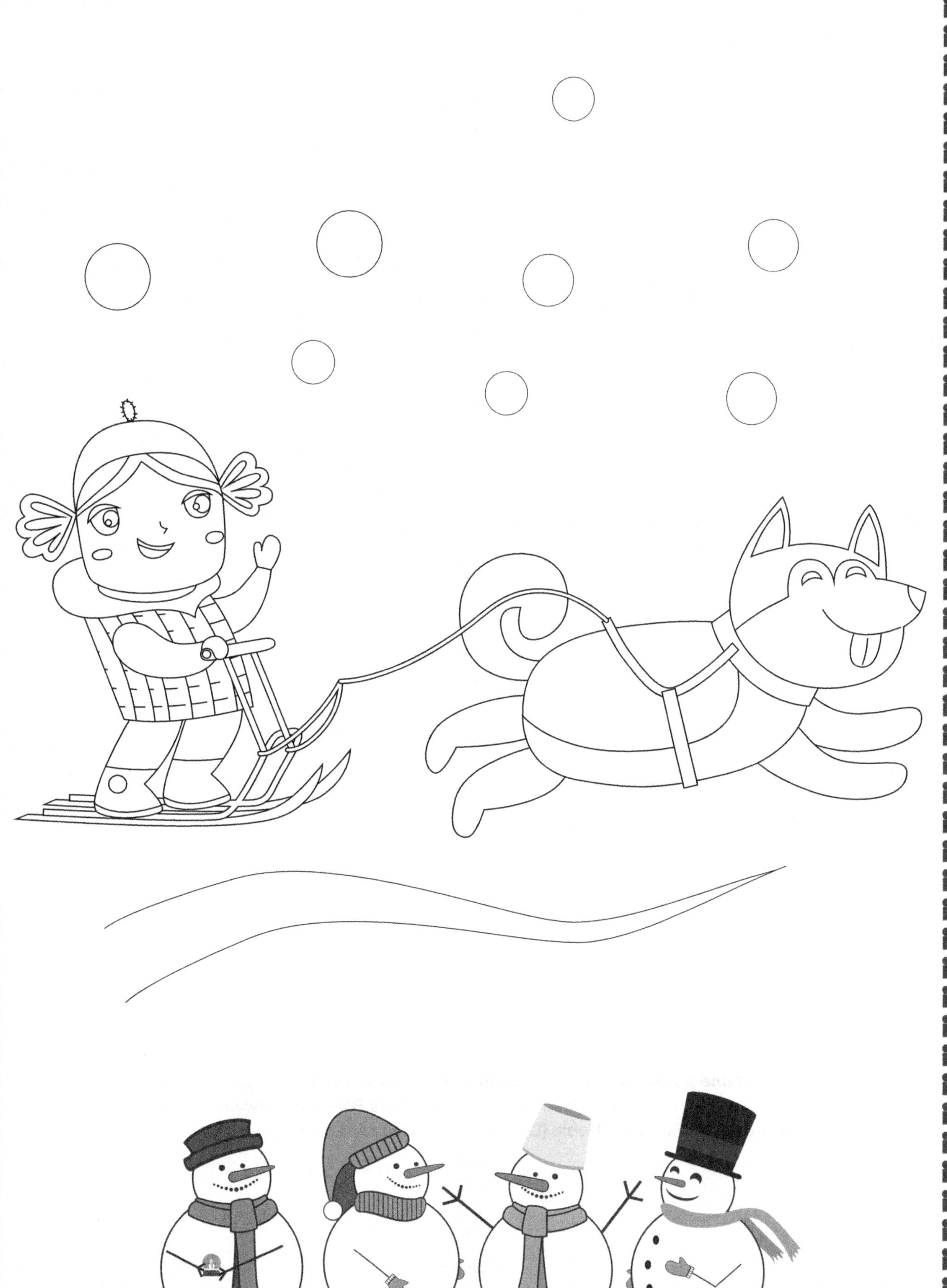

C'est une purge par Page si vous utilisez un coloriage feutre ou un stylo!
Trouver d'autres grands titres par la recherche de Coloriage Bandit sur Favorite livre détaillant
Amazon.Ca | Barnes & Noble (BN.Com) | J'ai Des Livres 1 Million (BAM.Com)

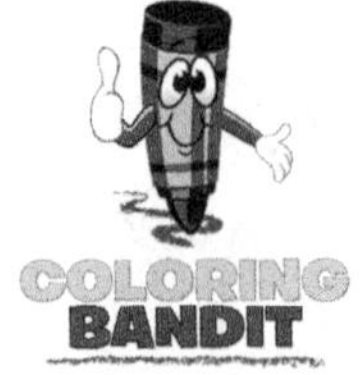

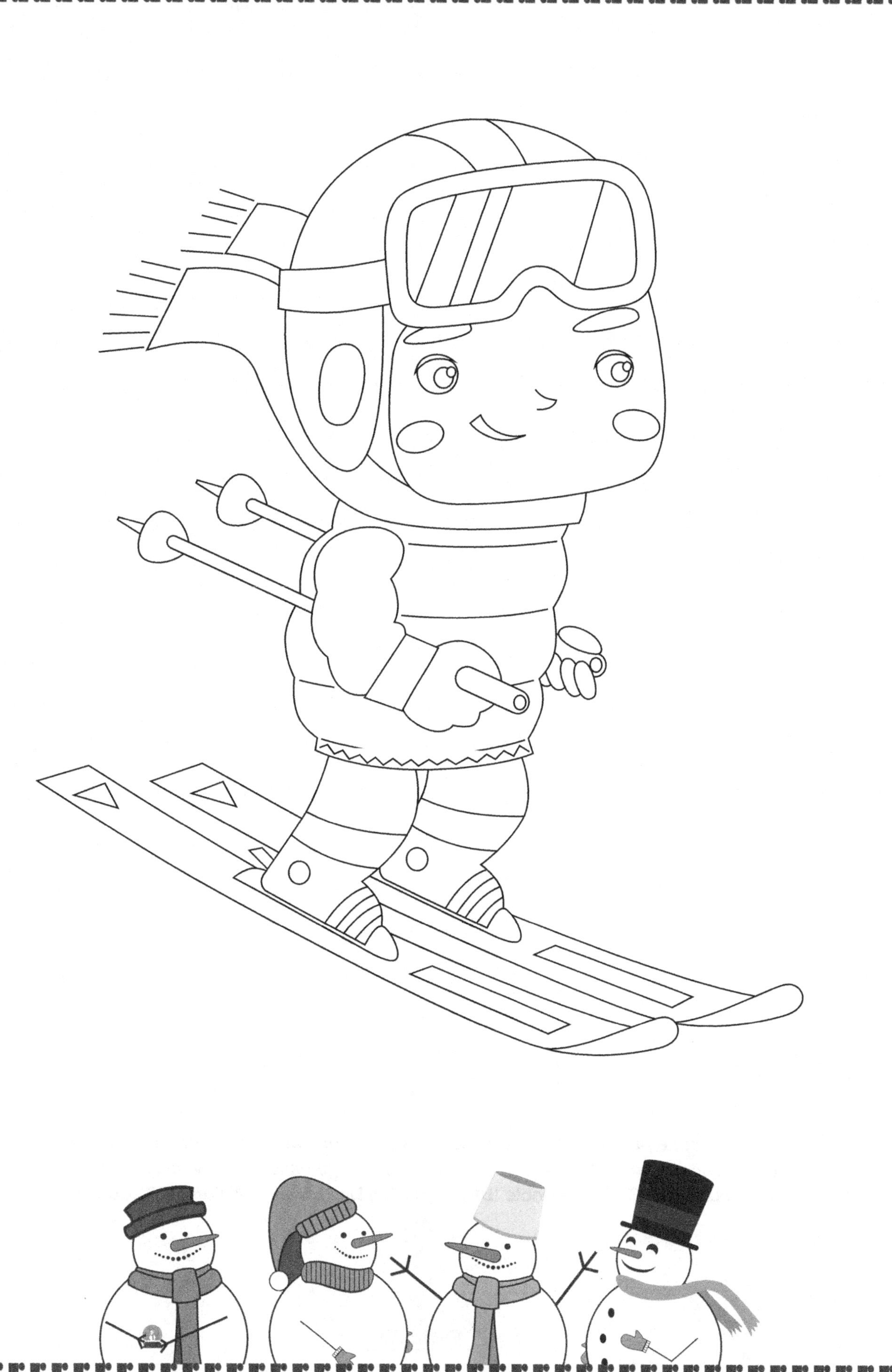

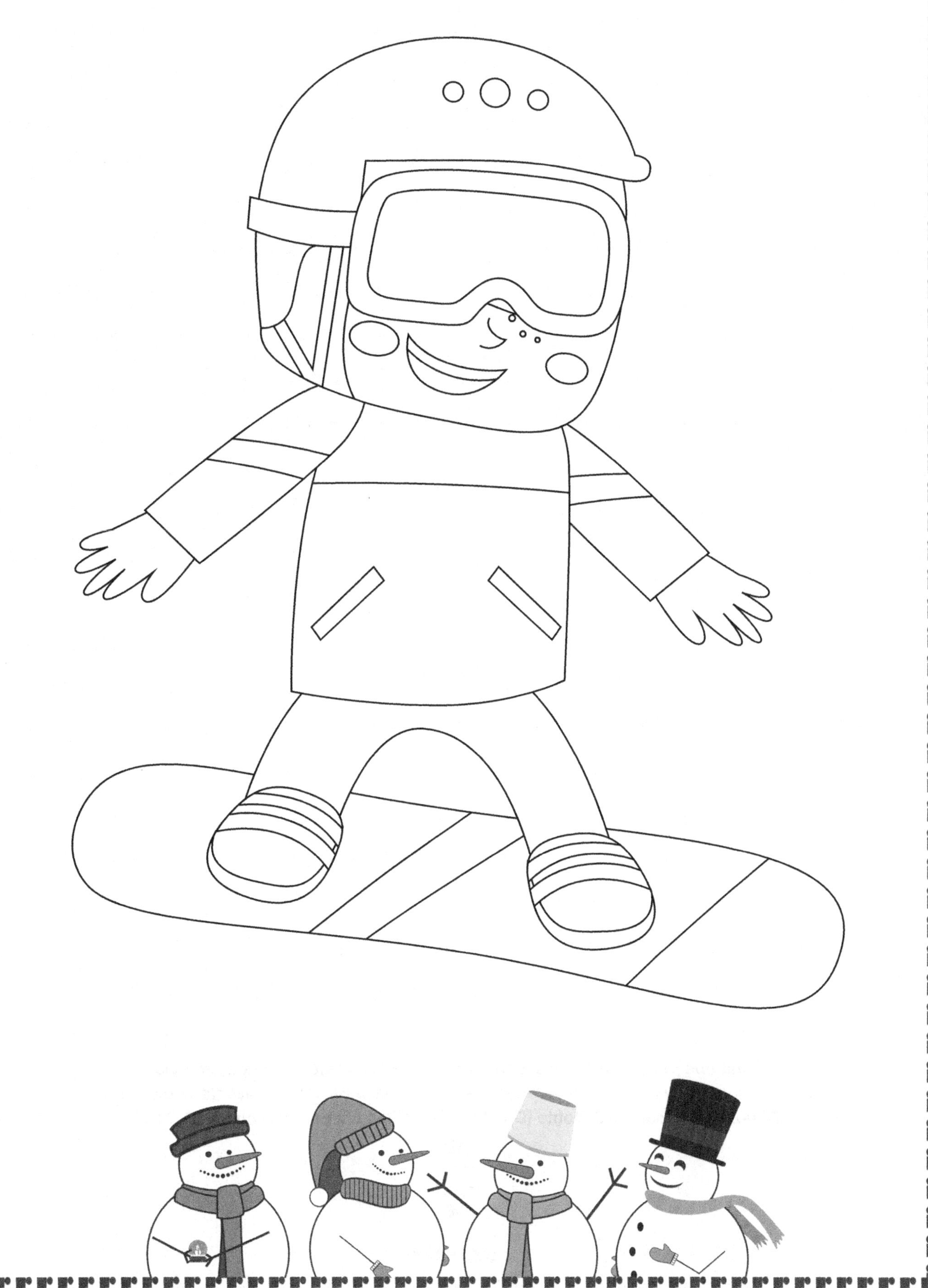

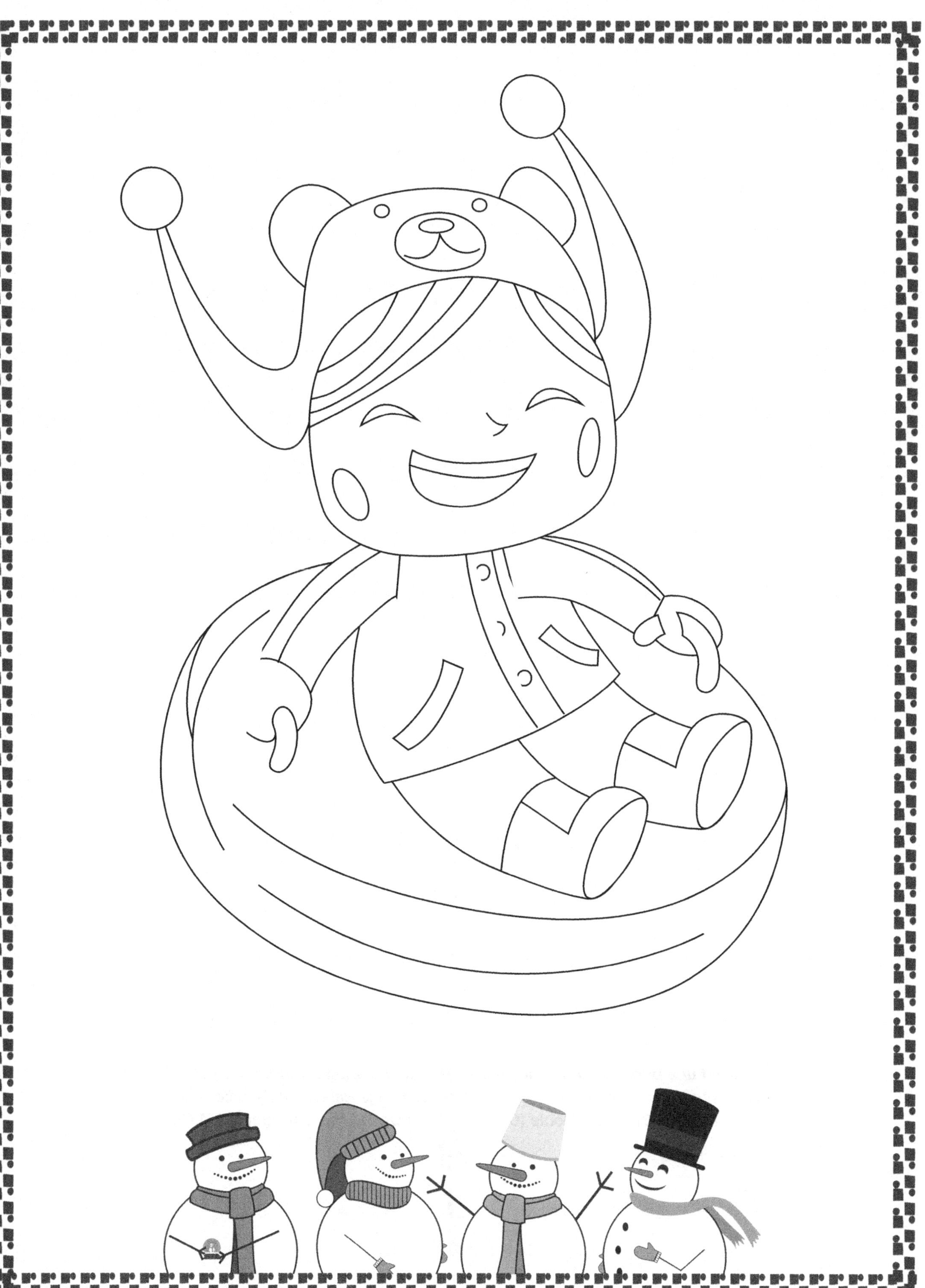

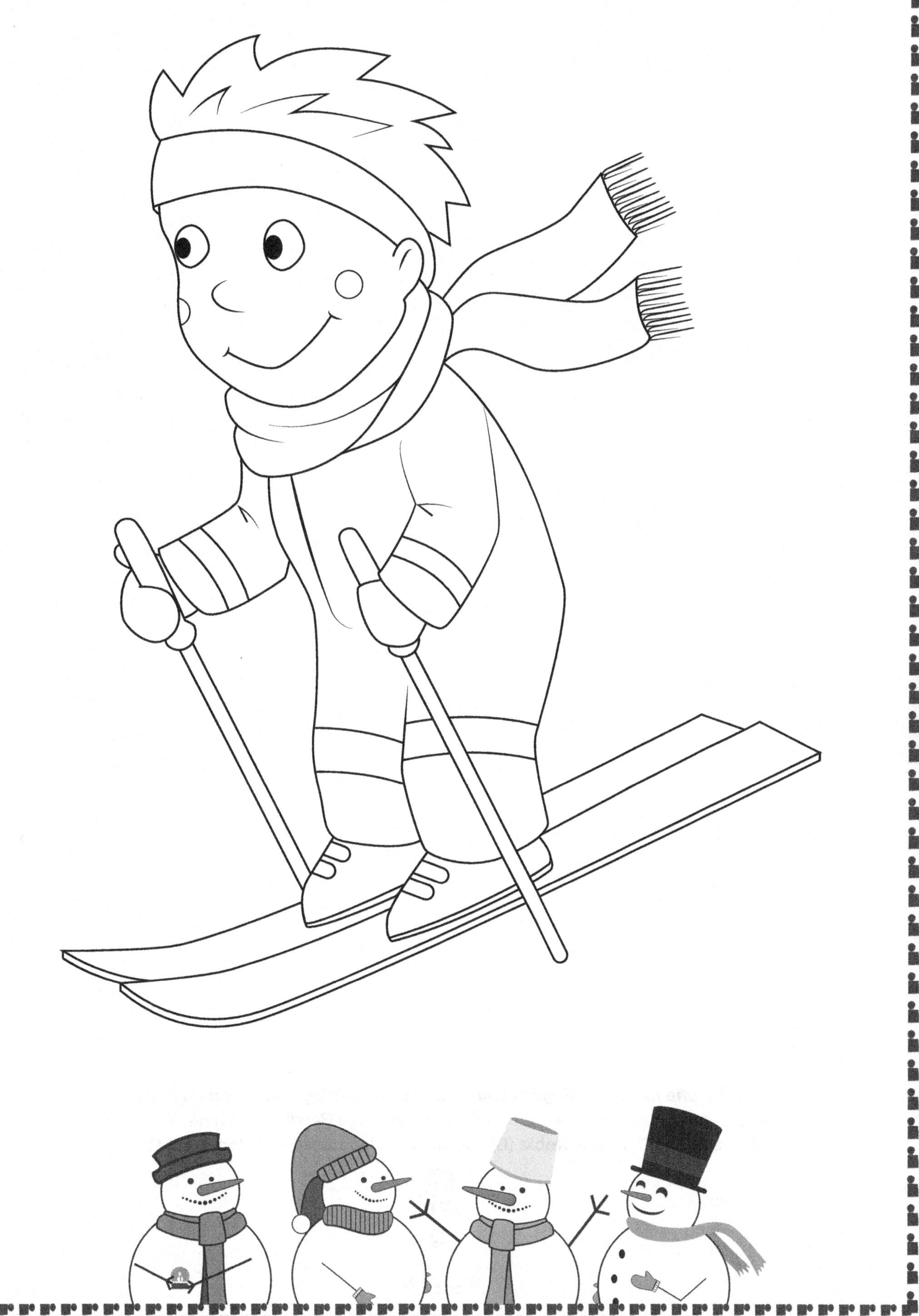

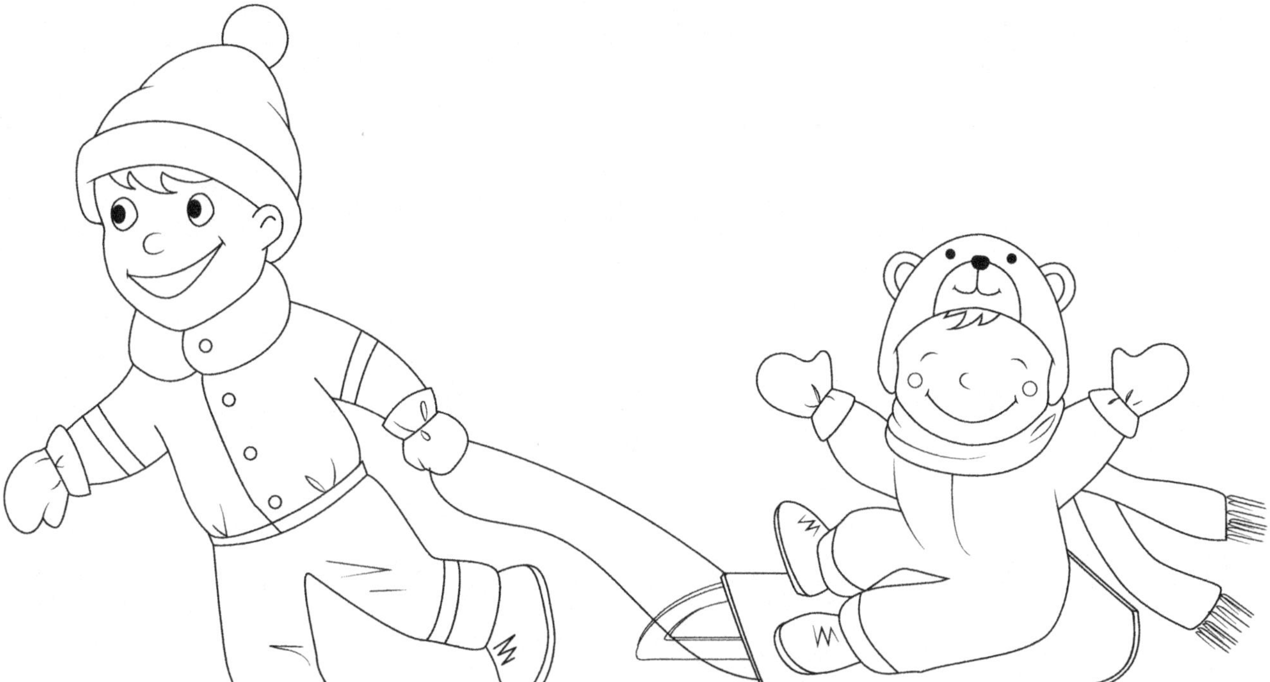

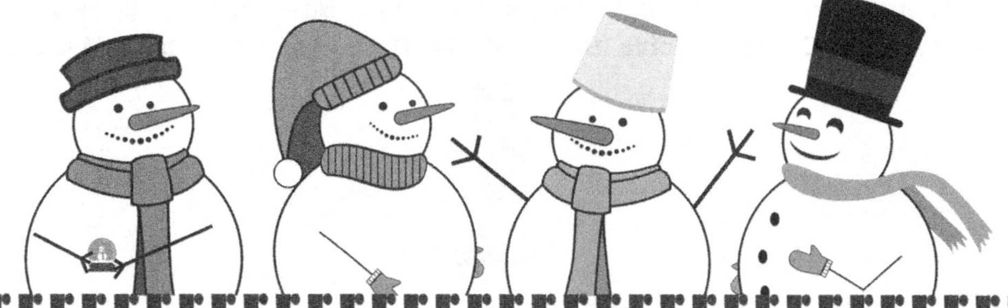

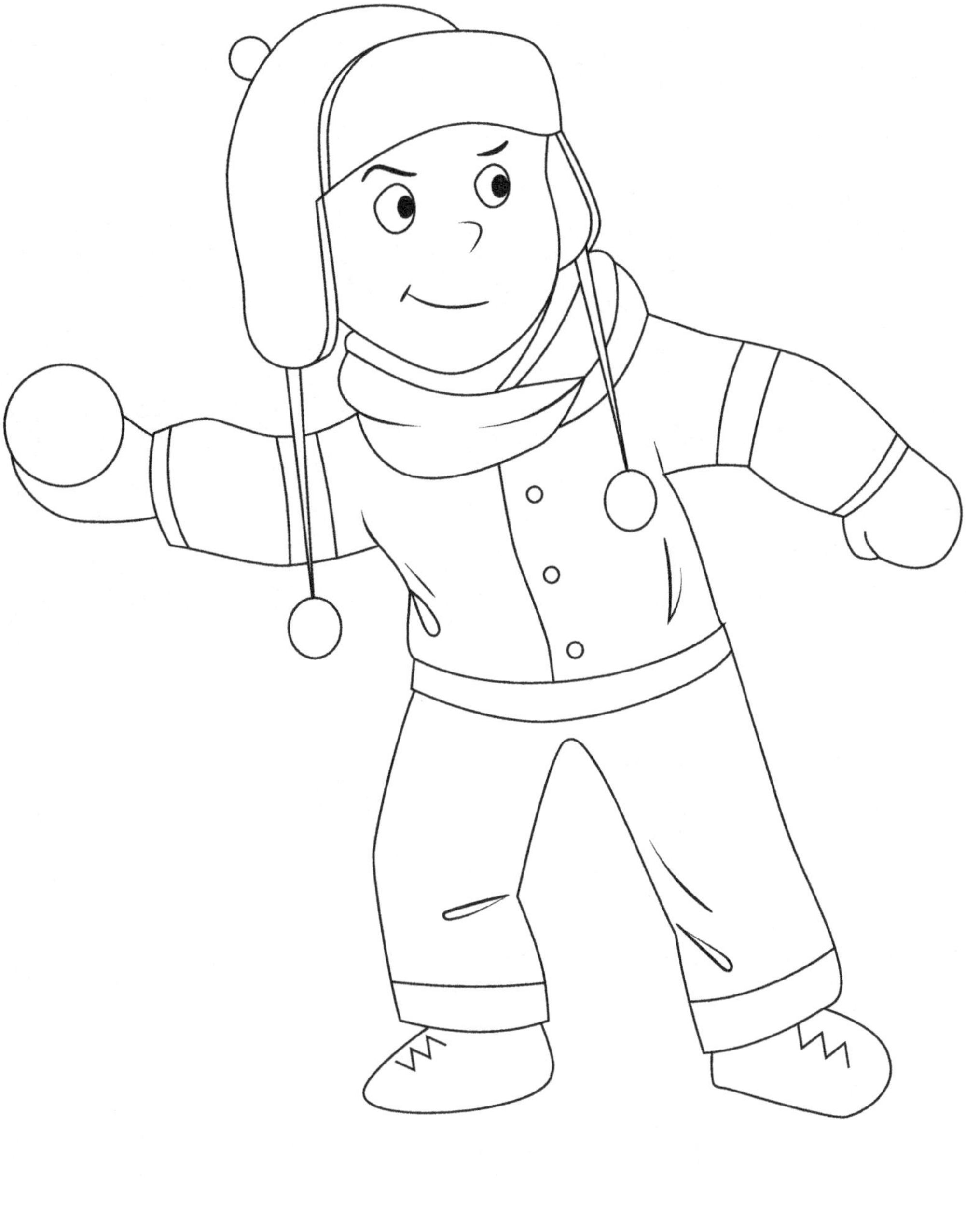

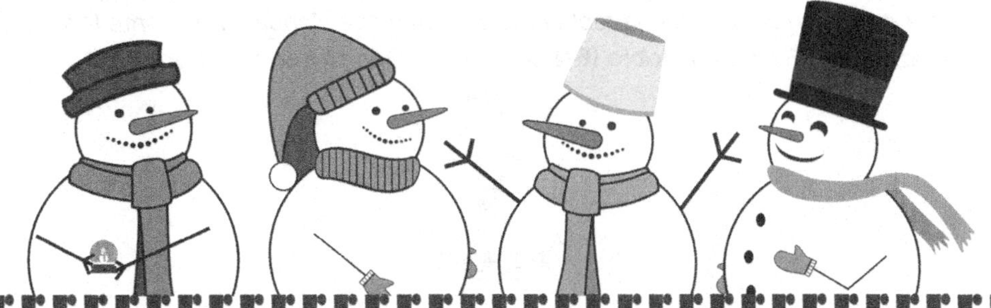

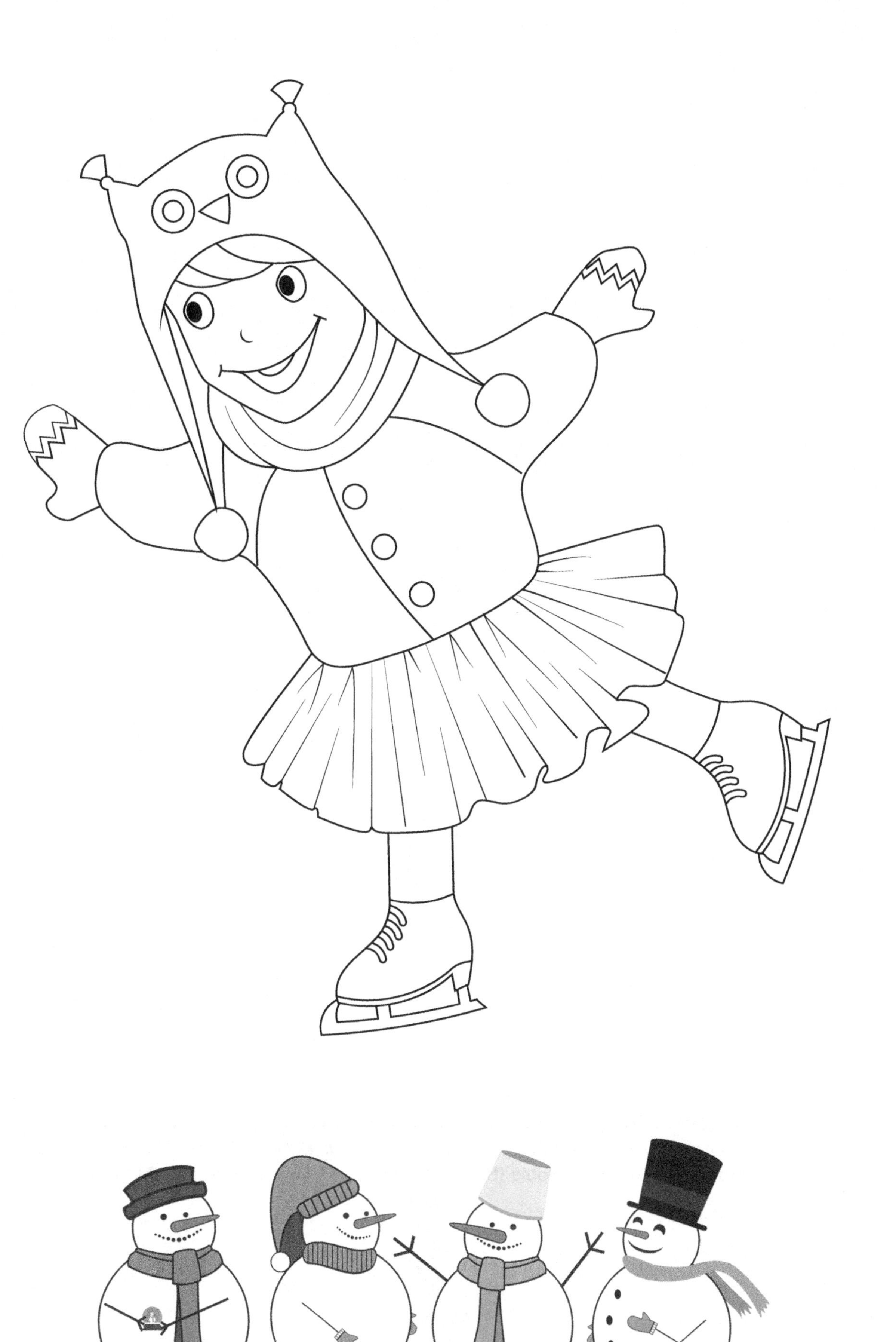

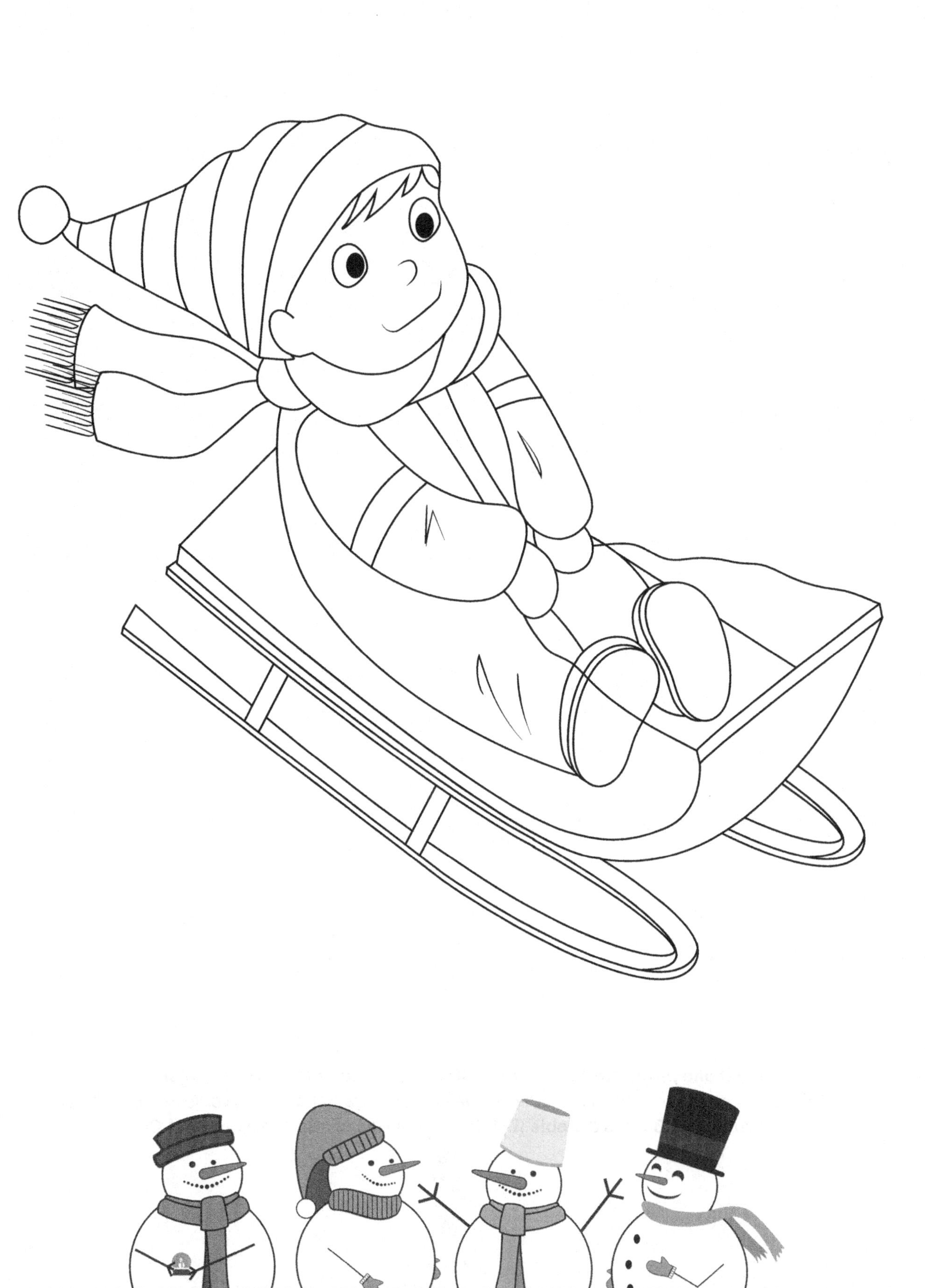

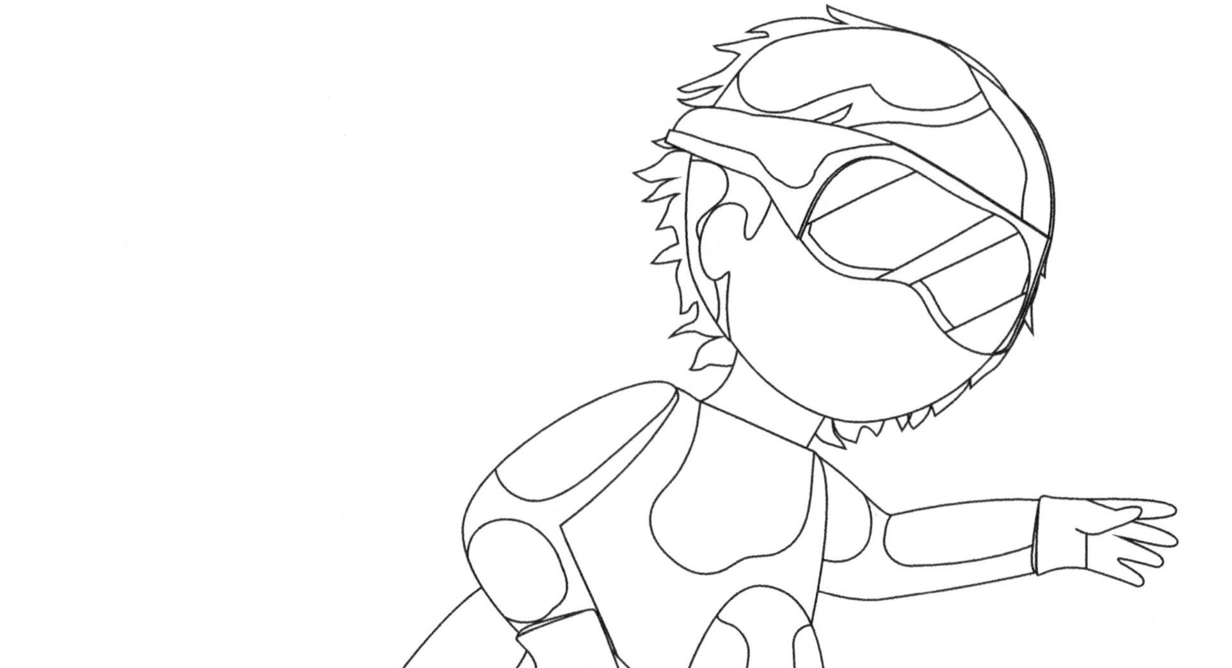

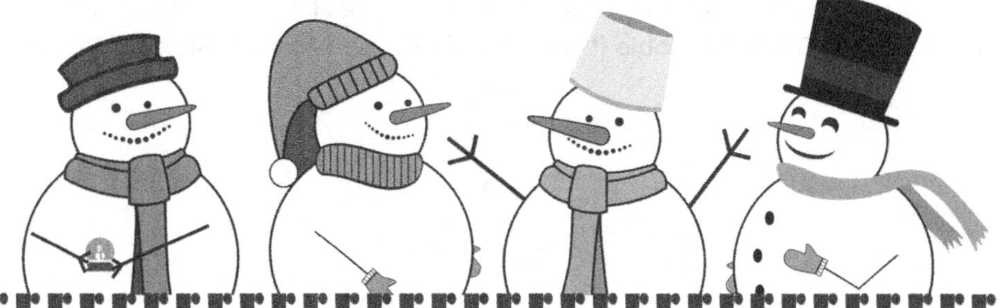

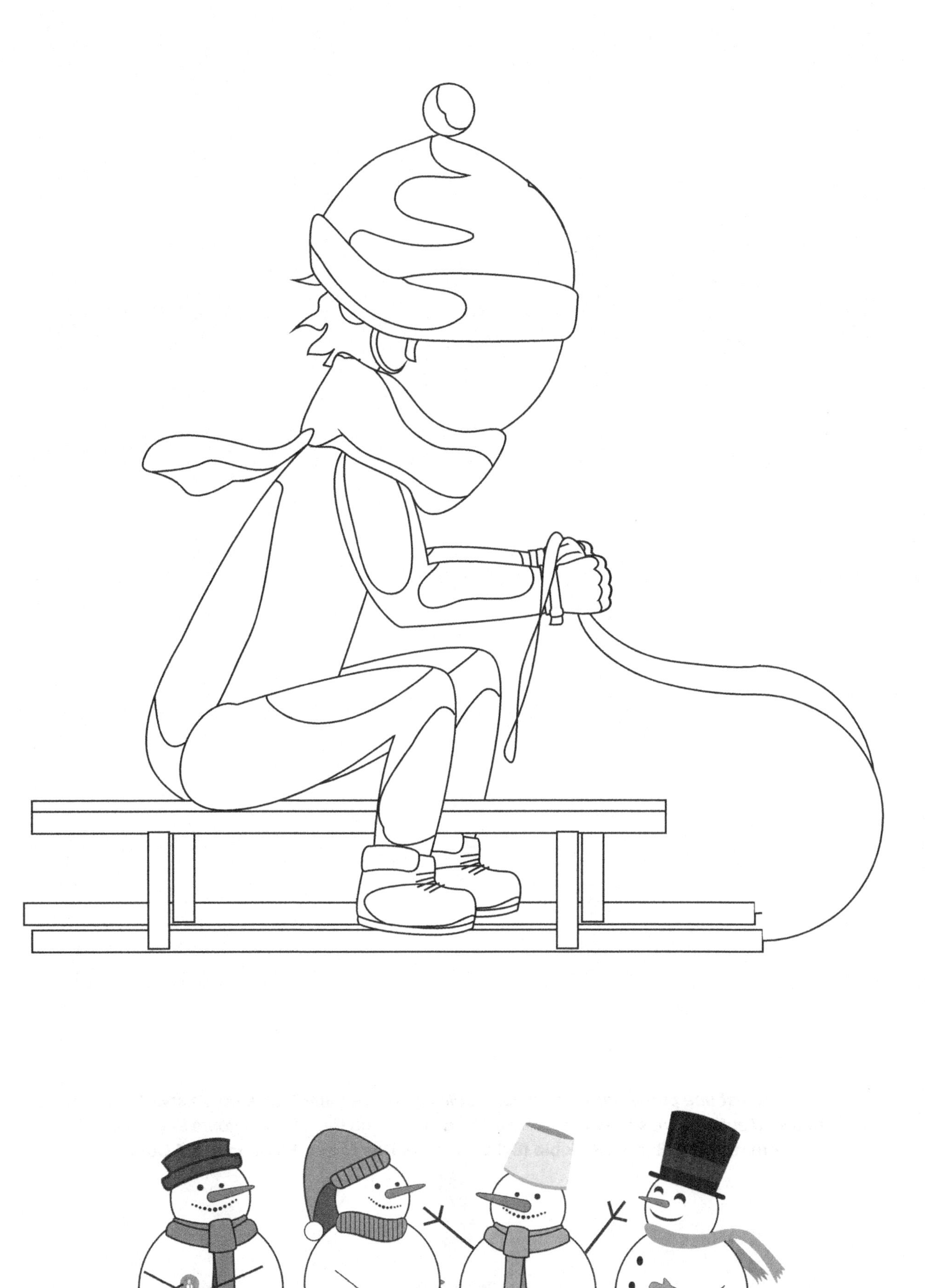

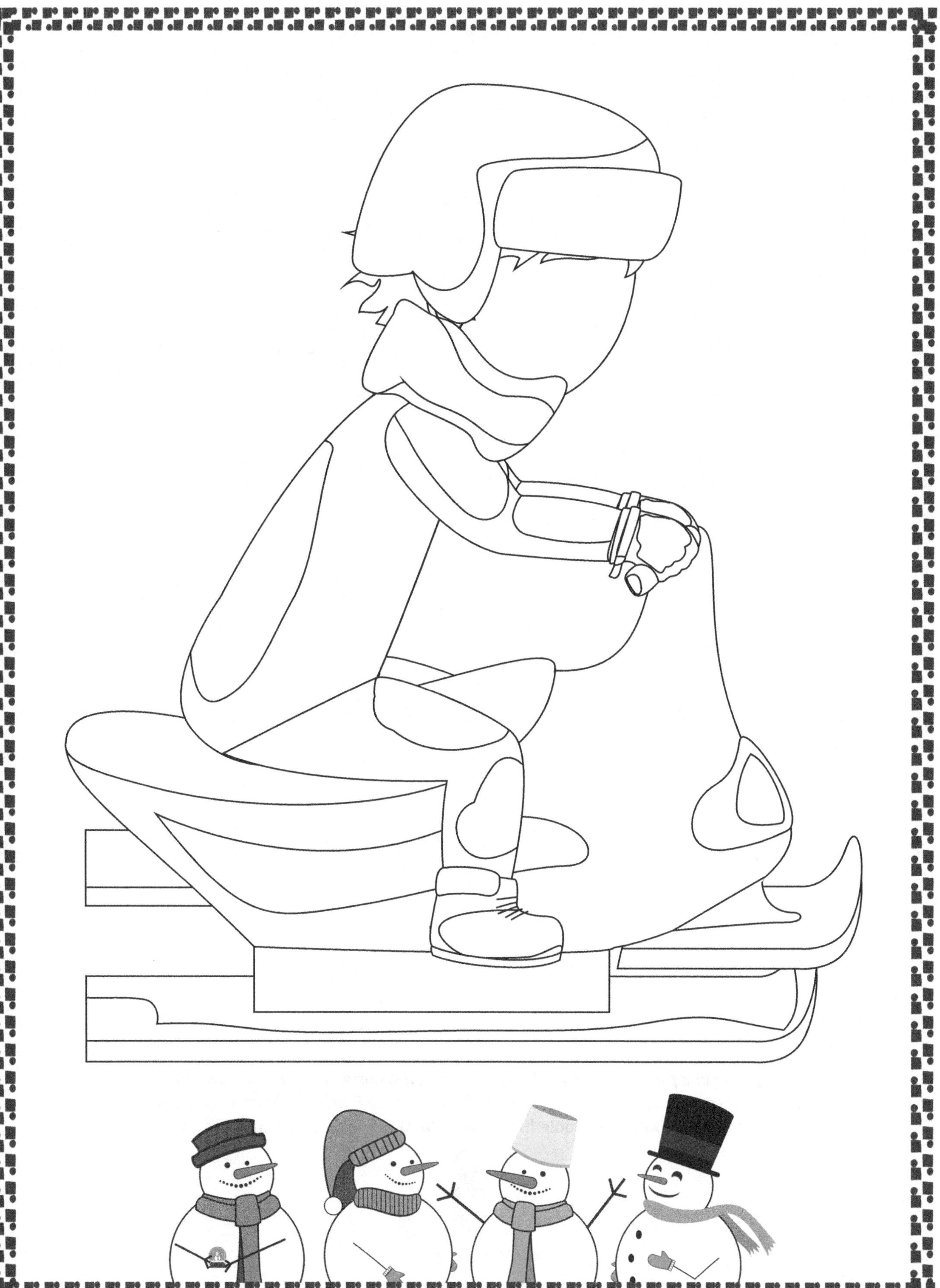

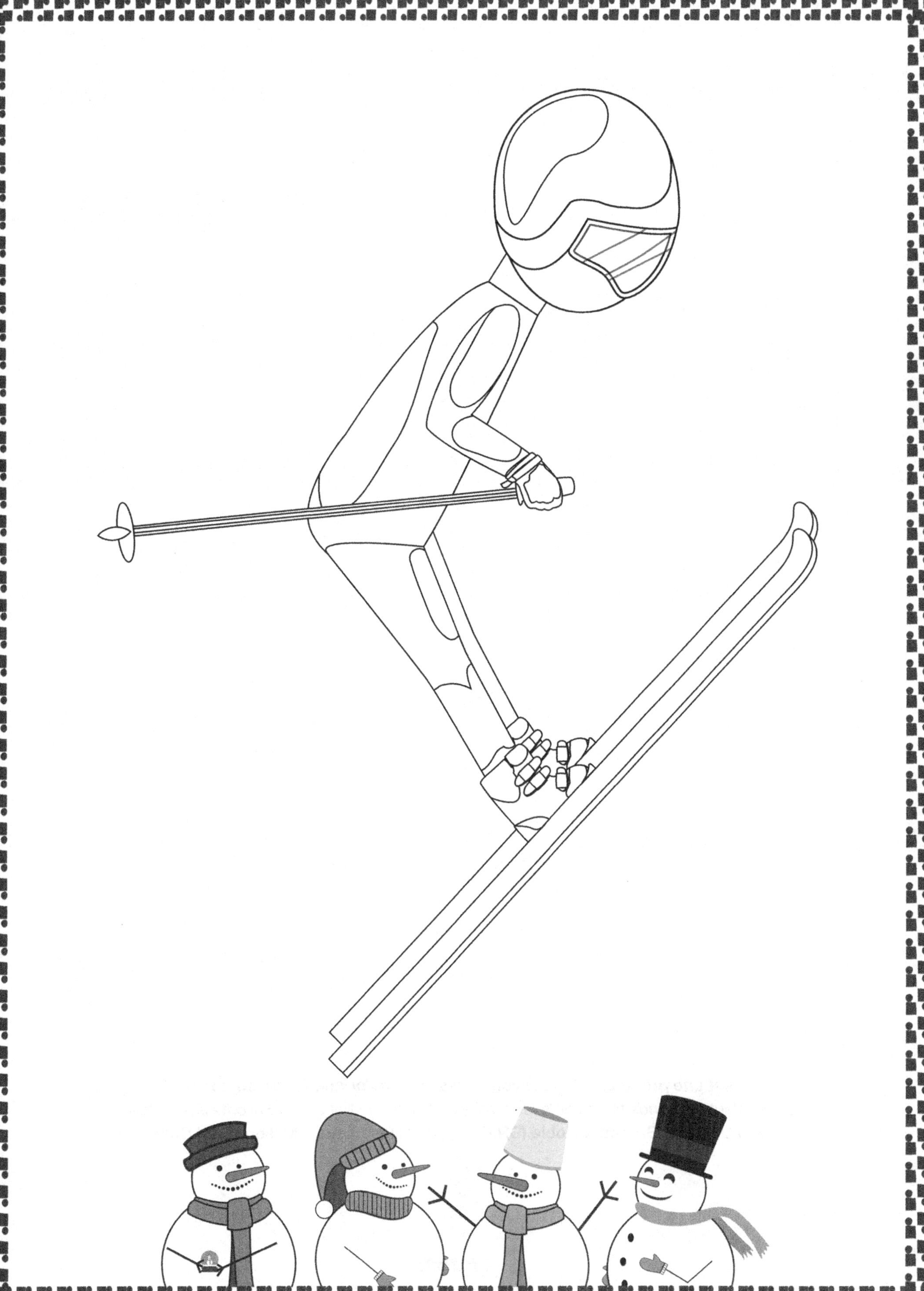

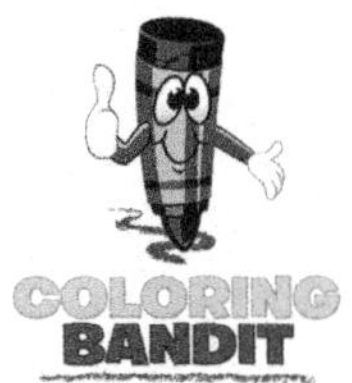

COLORING
BANDIT

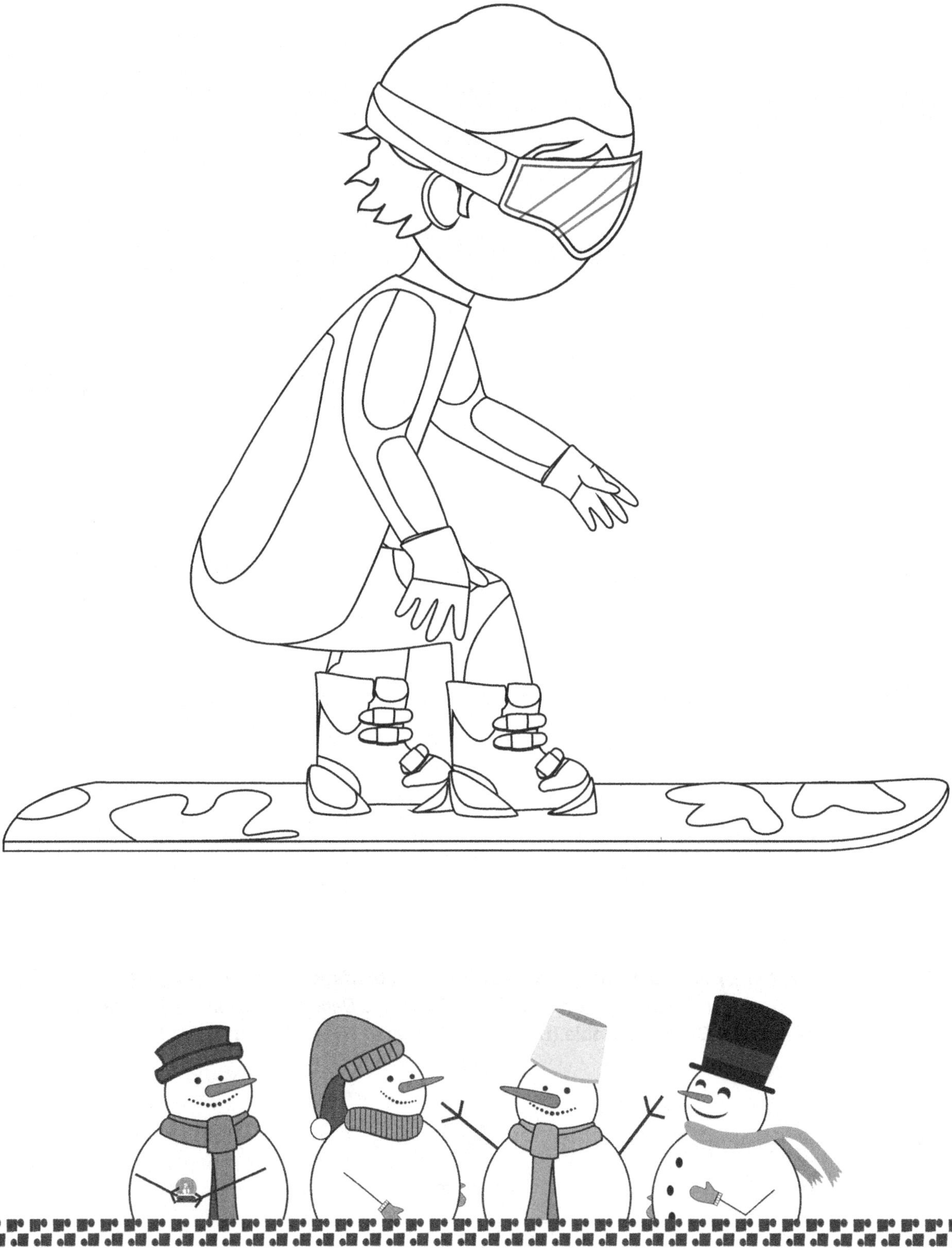

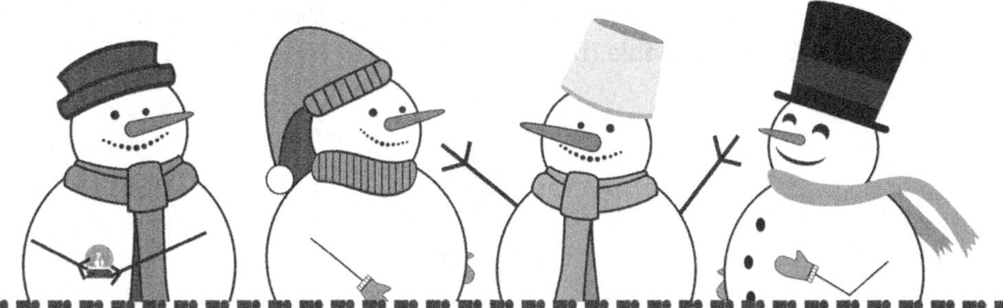

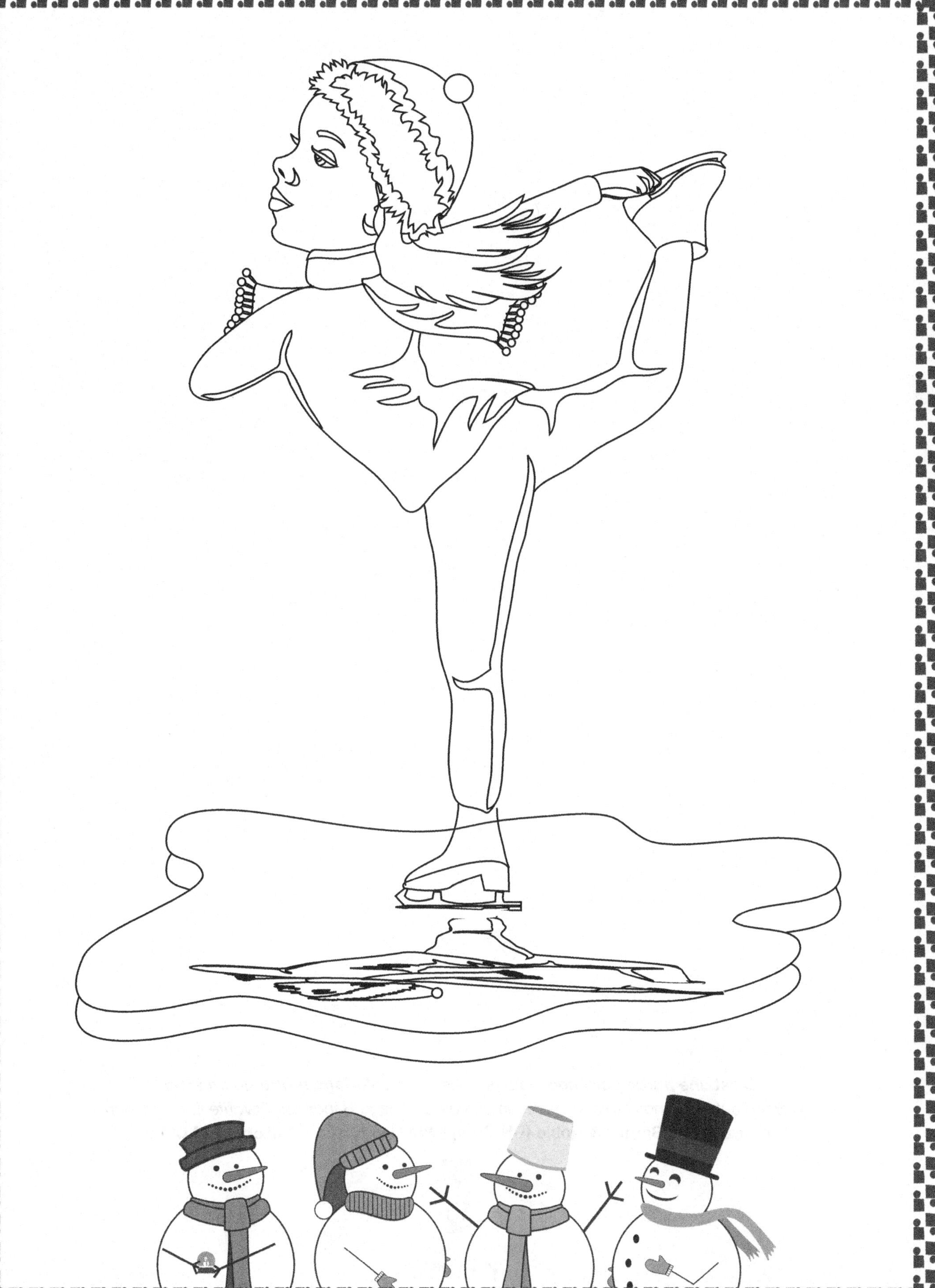

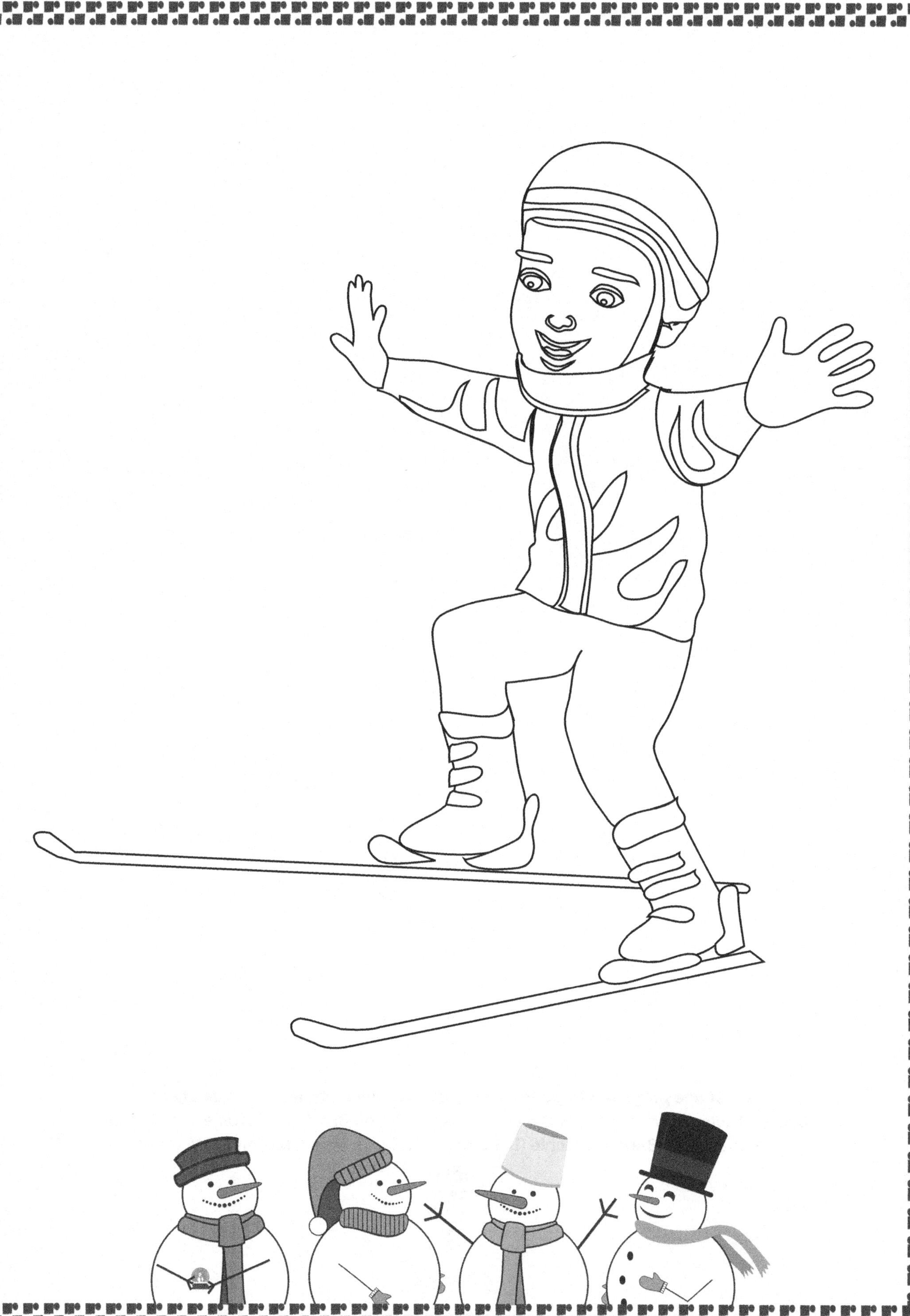

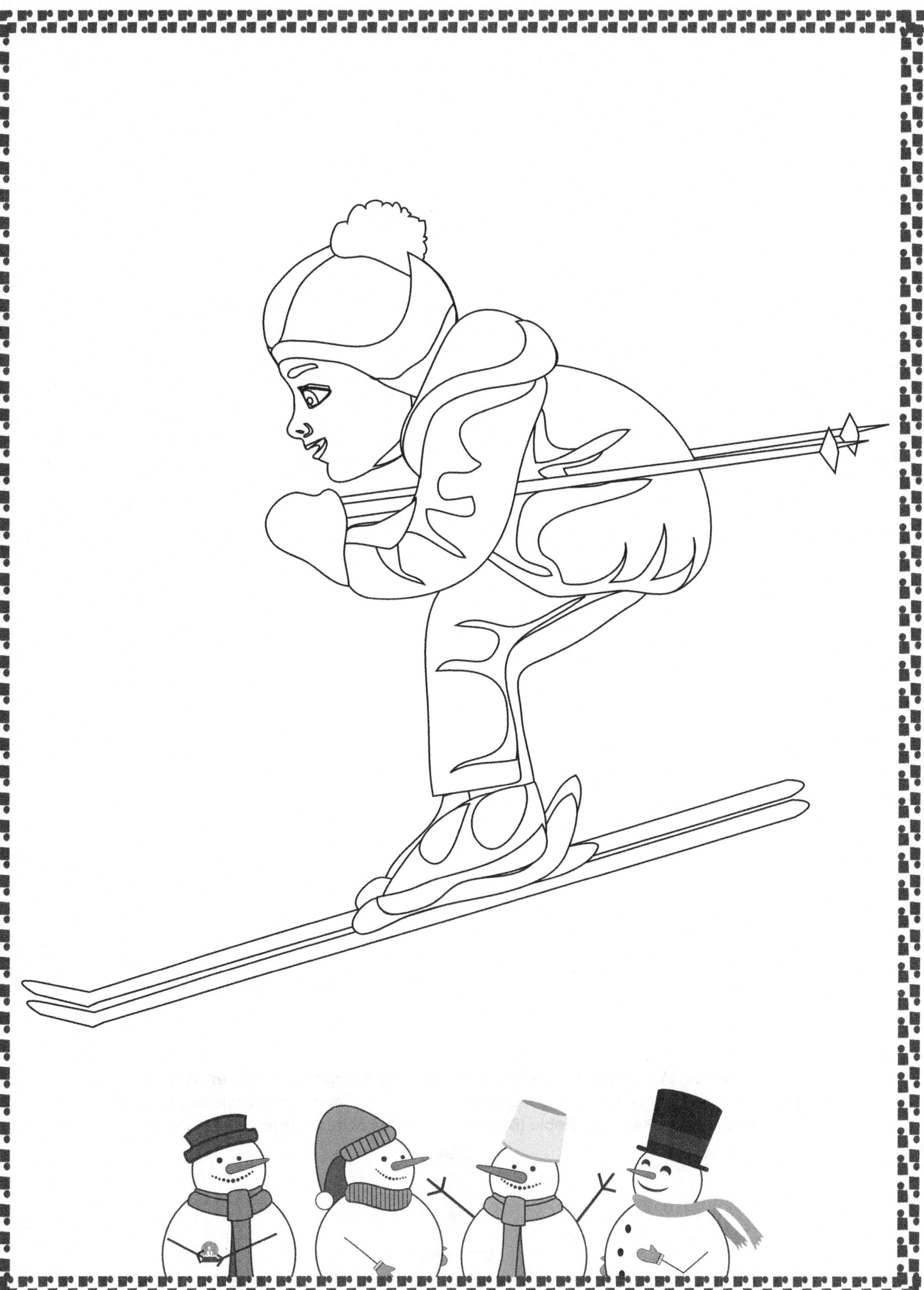

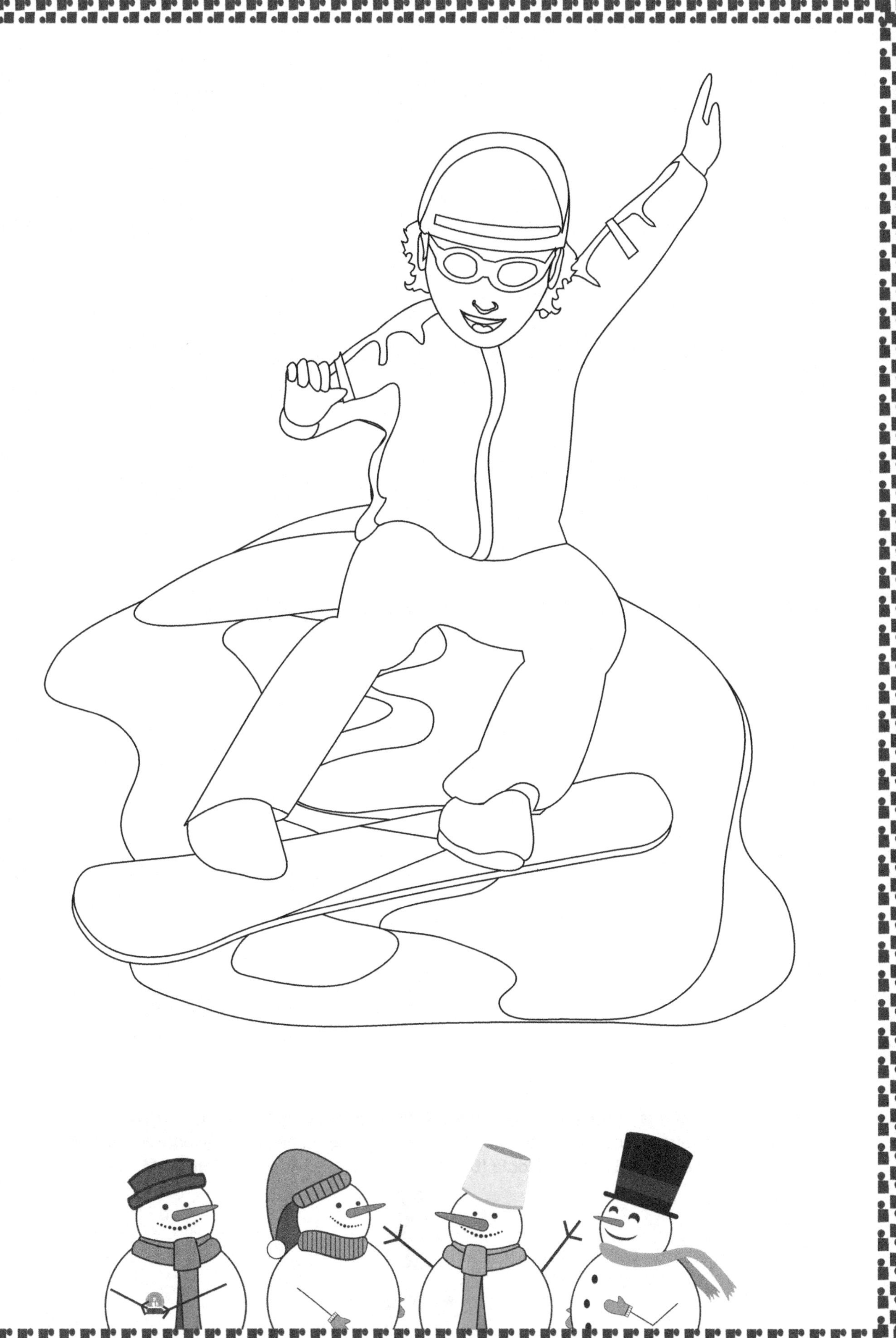

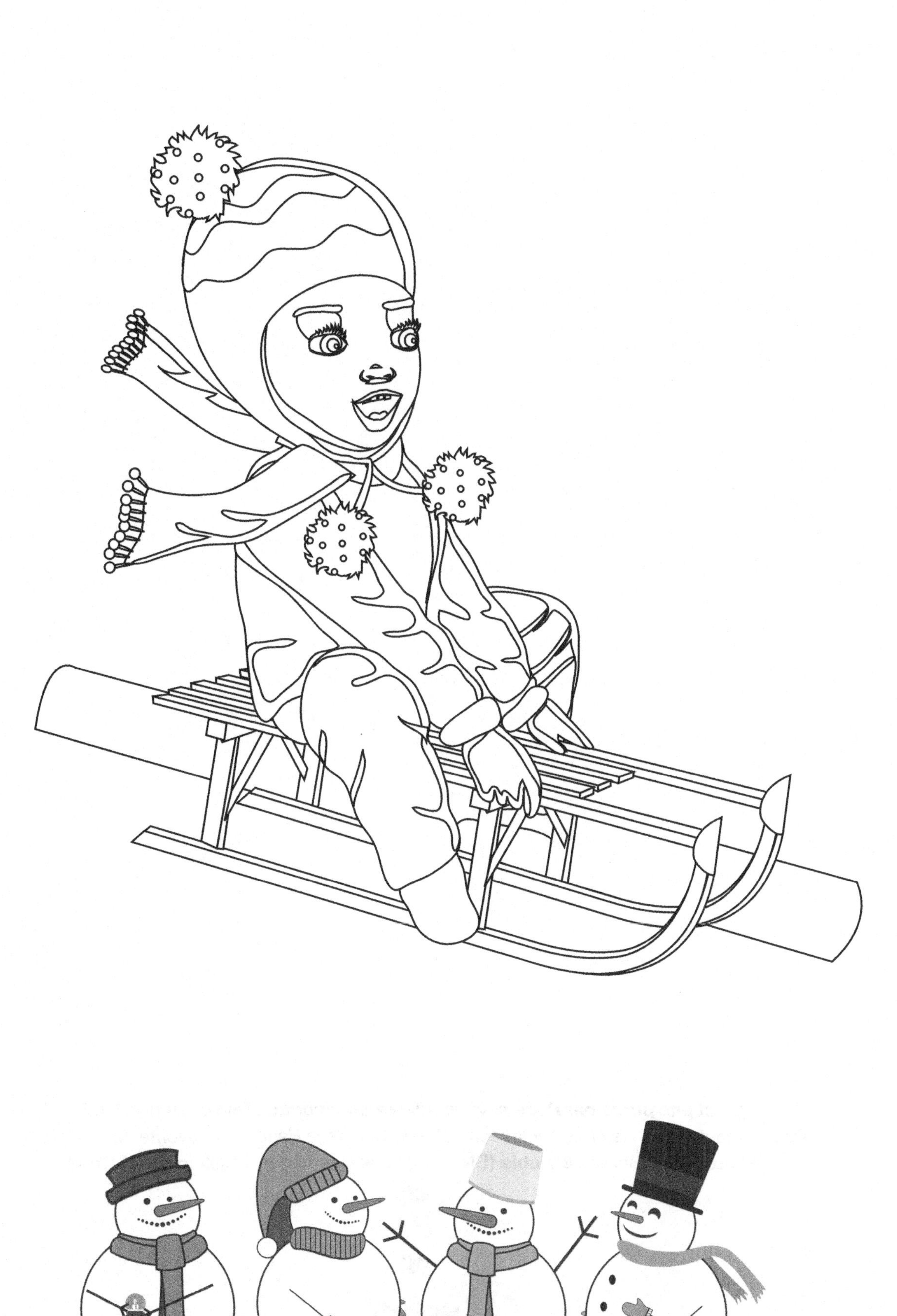

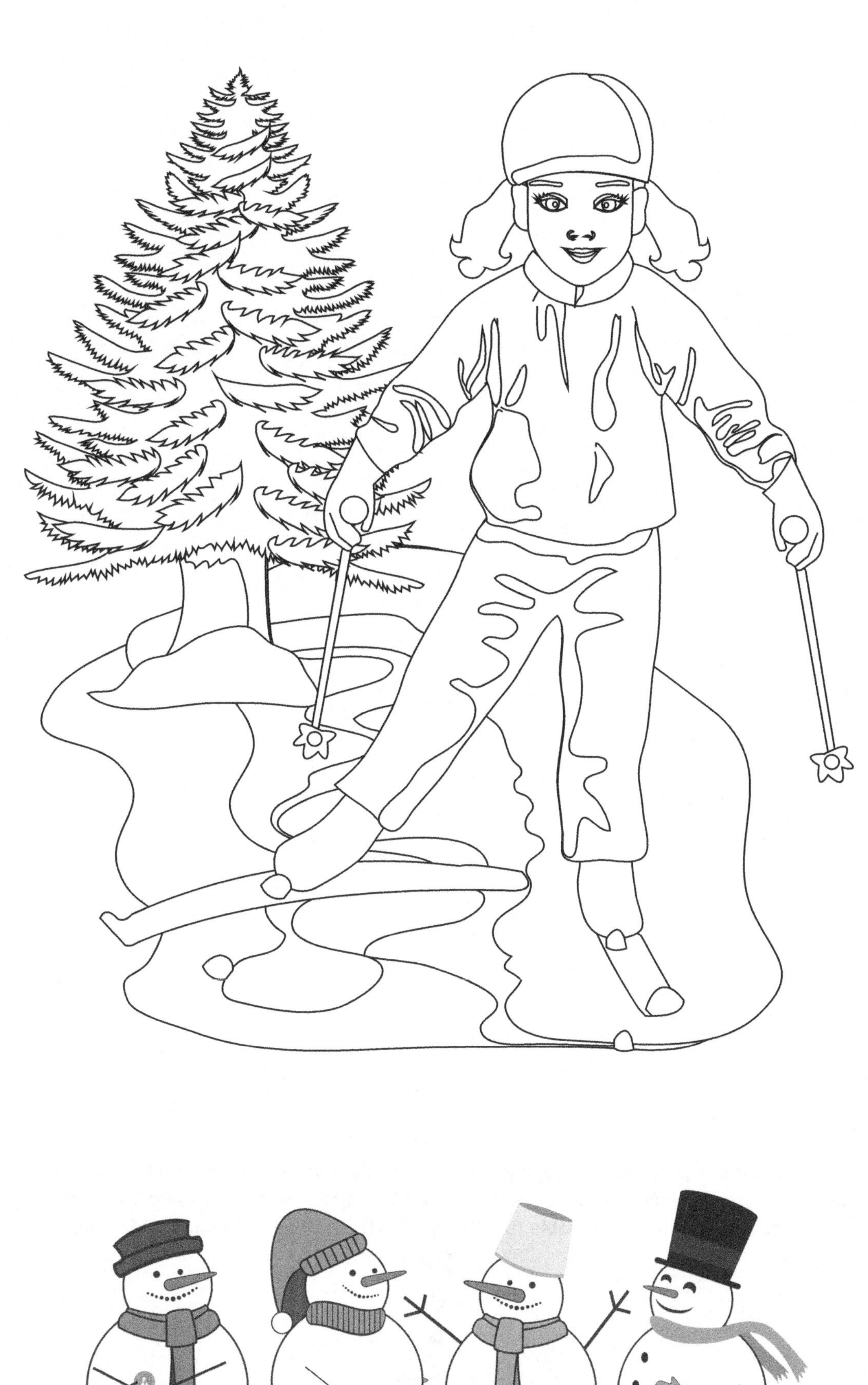

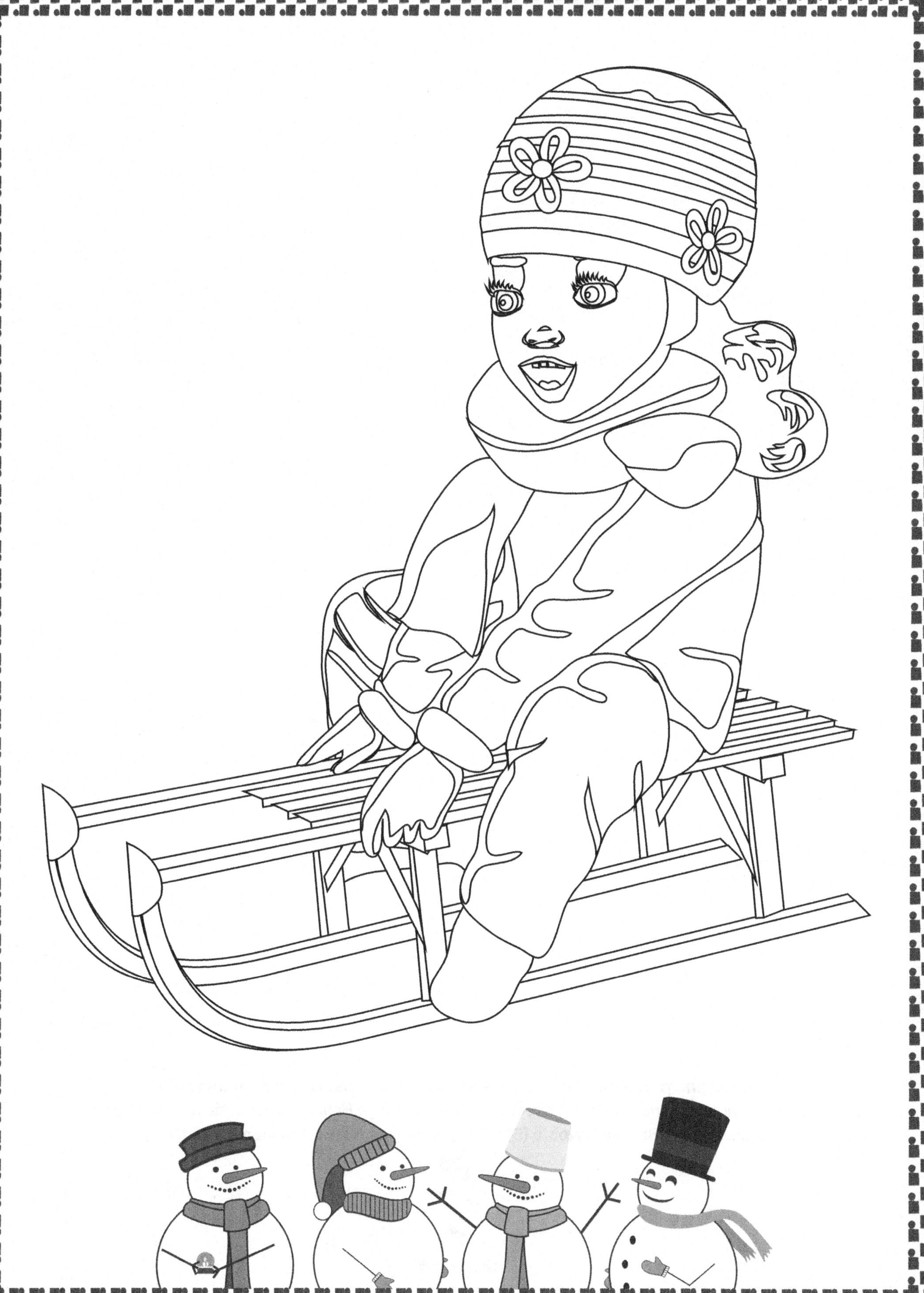

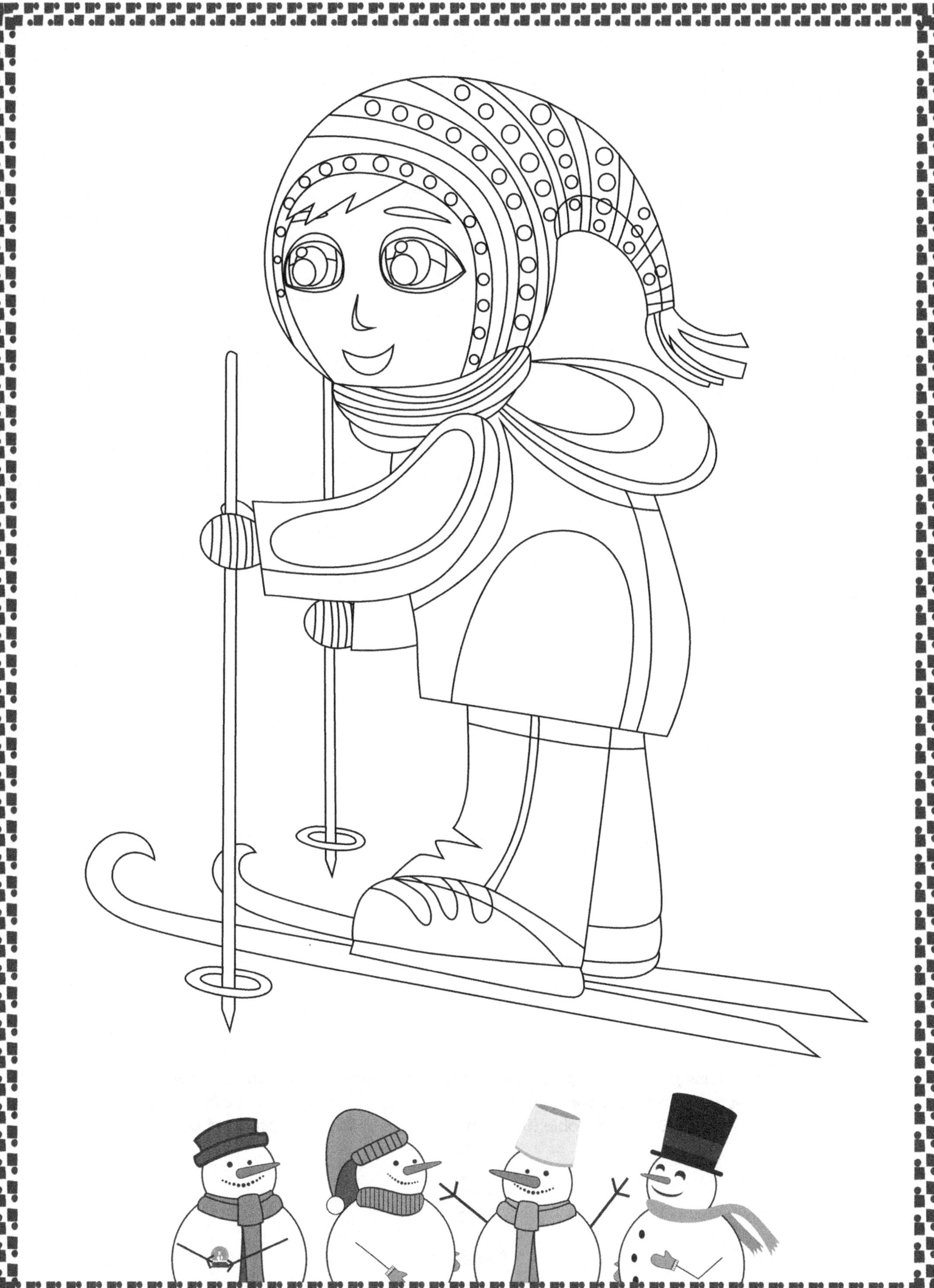

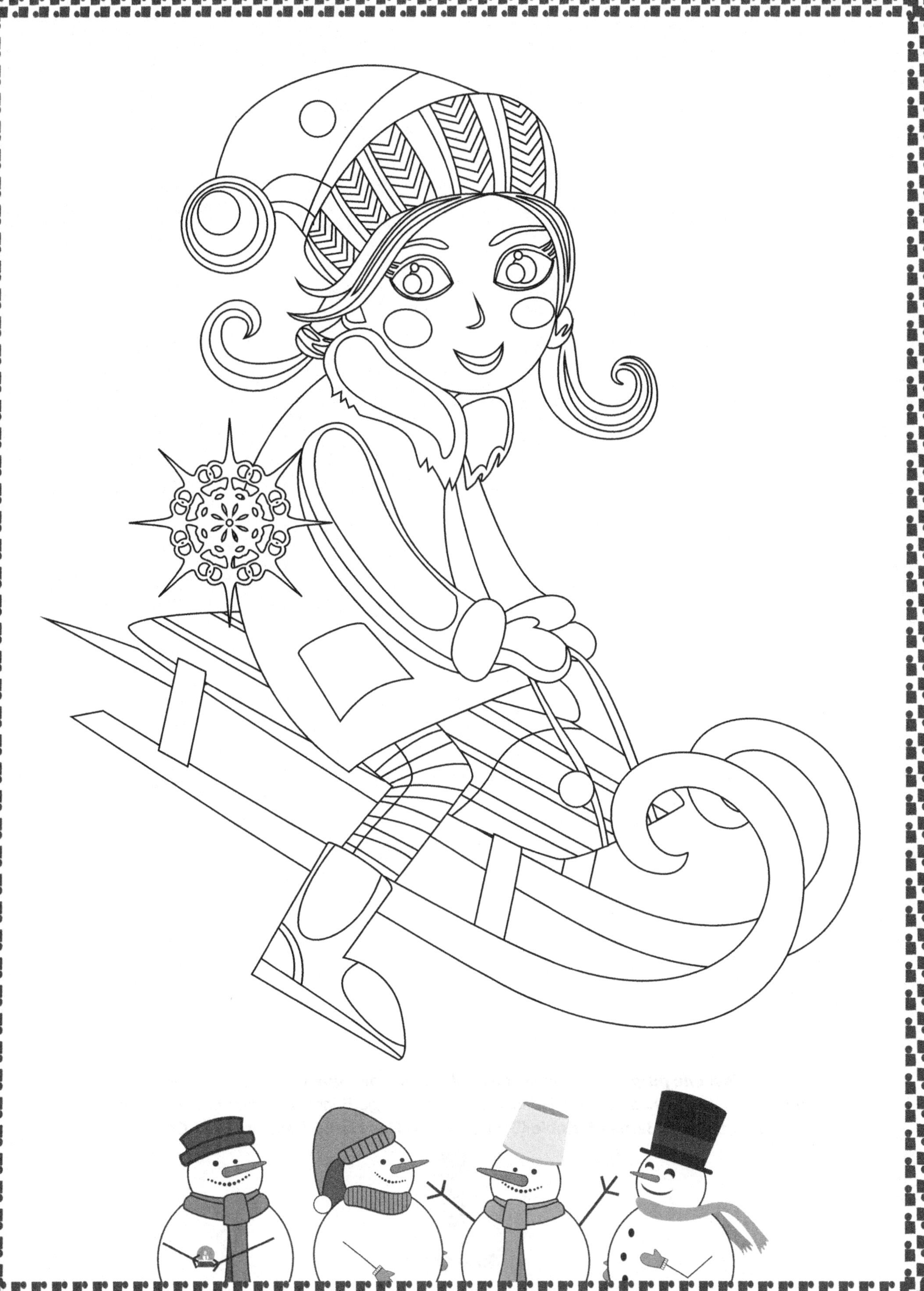

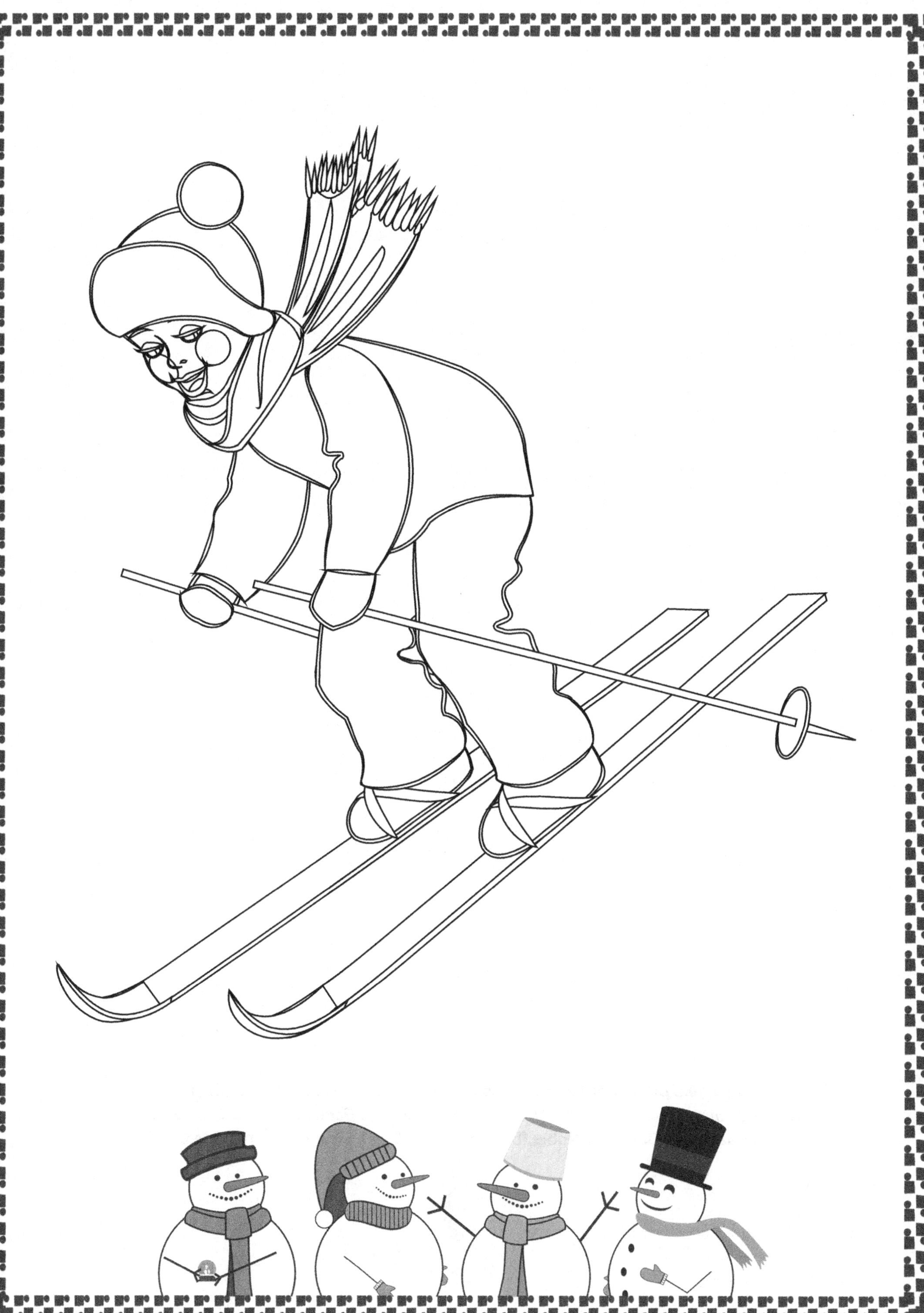

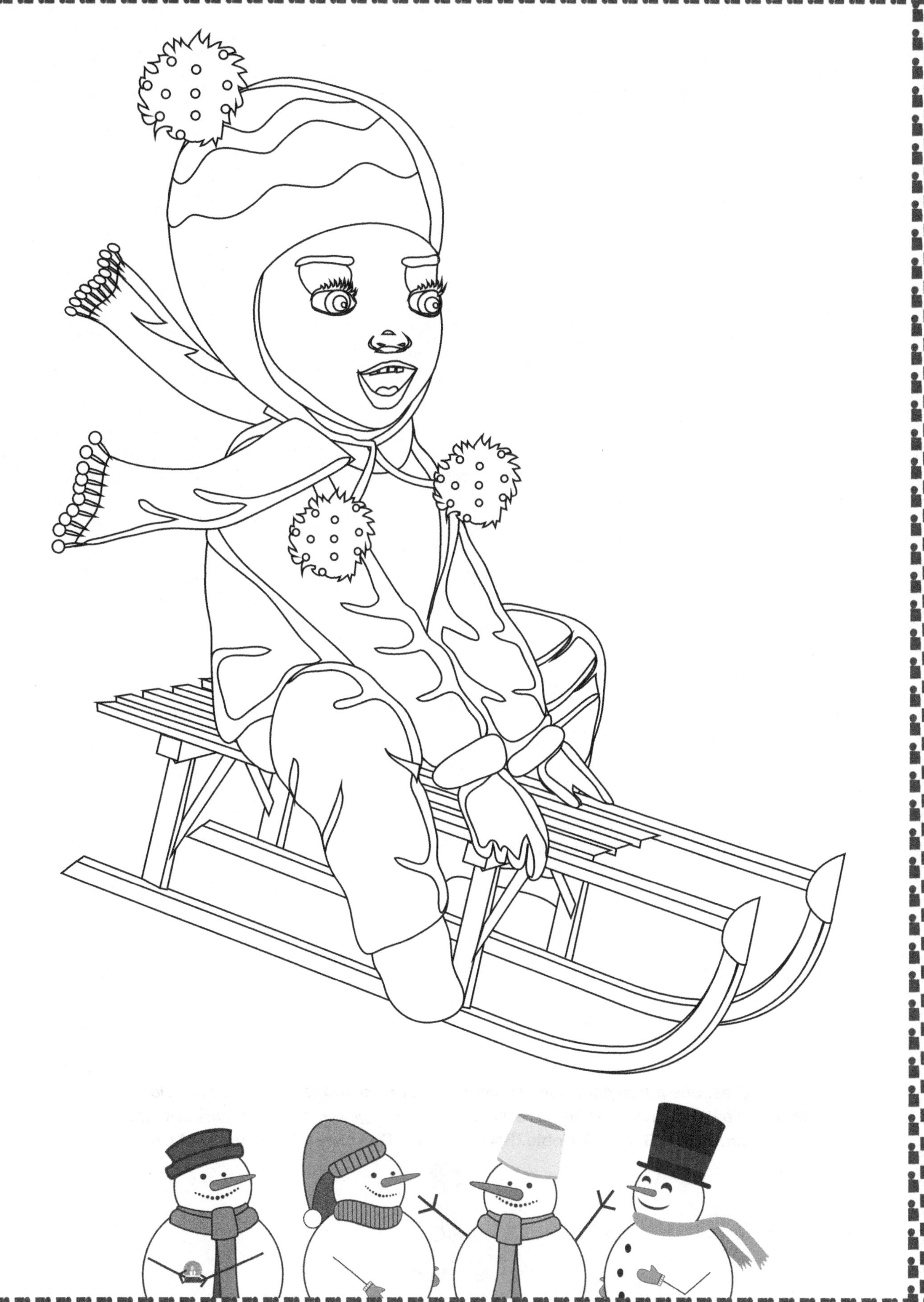

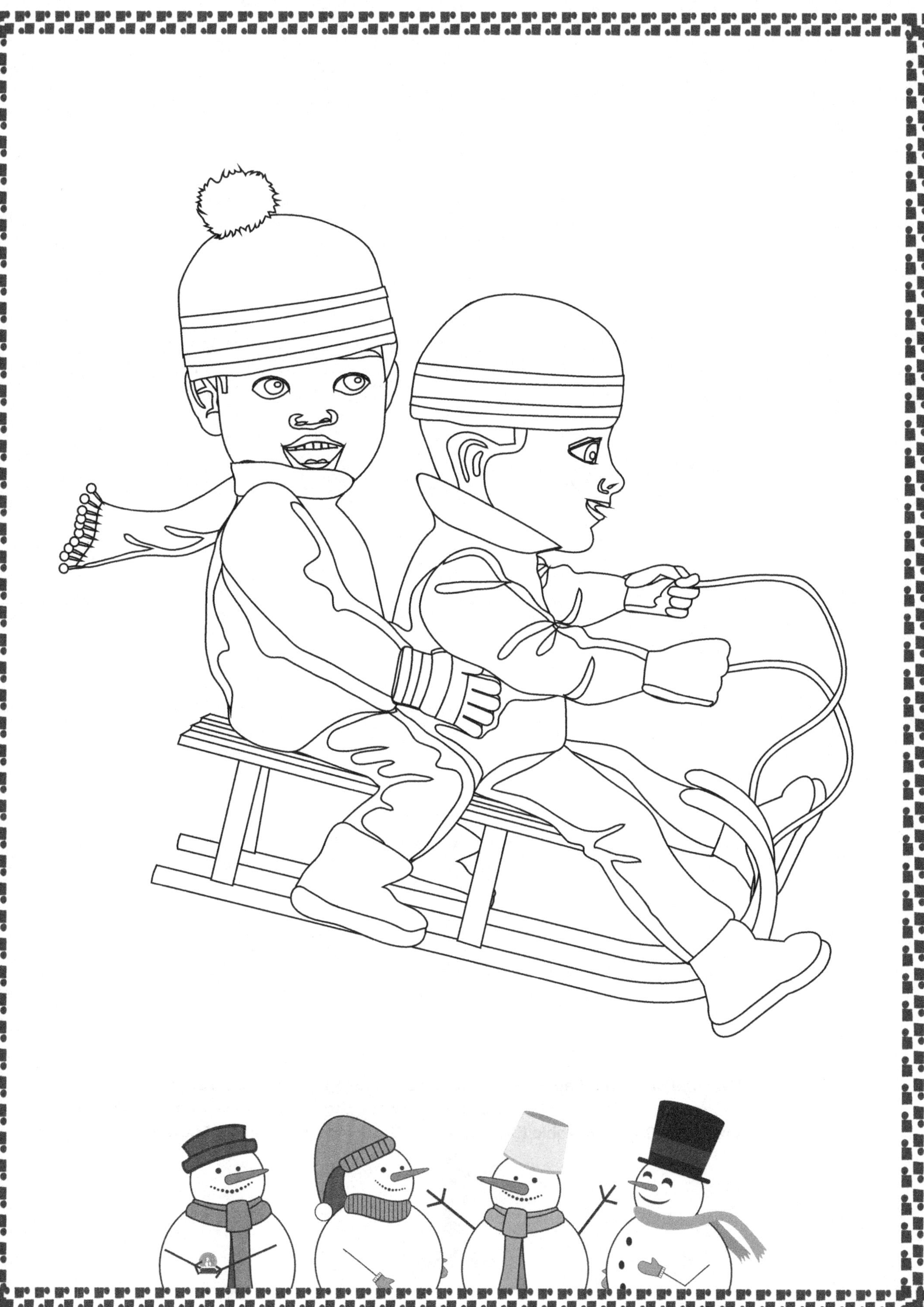

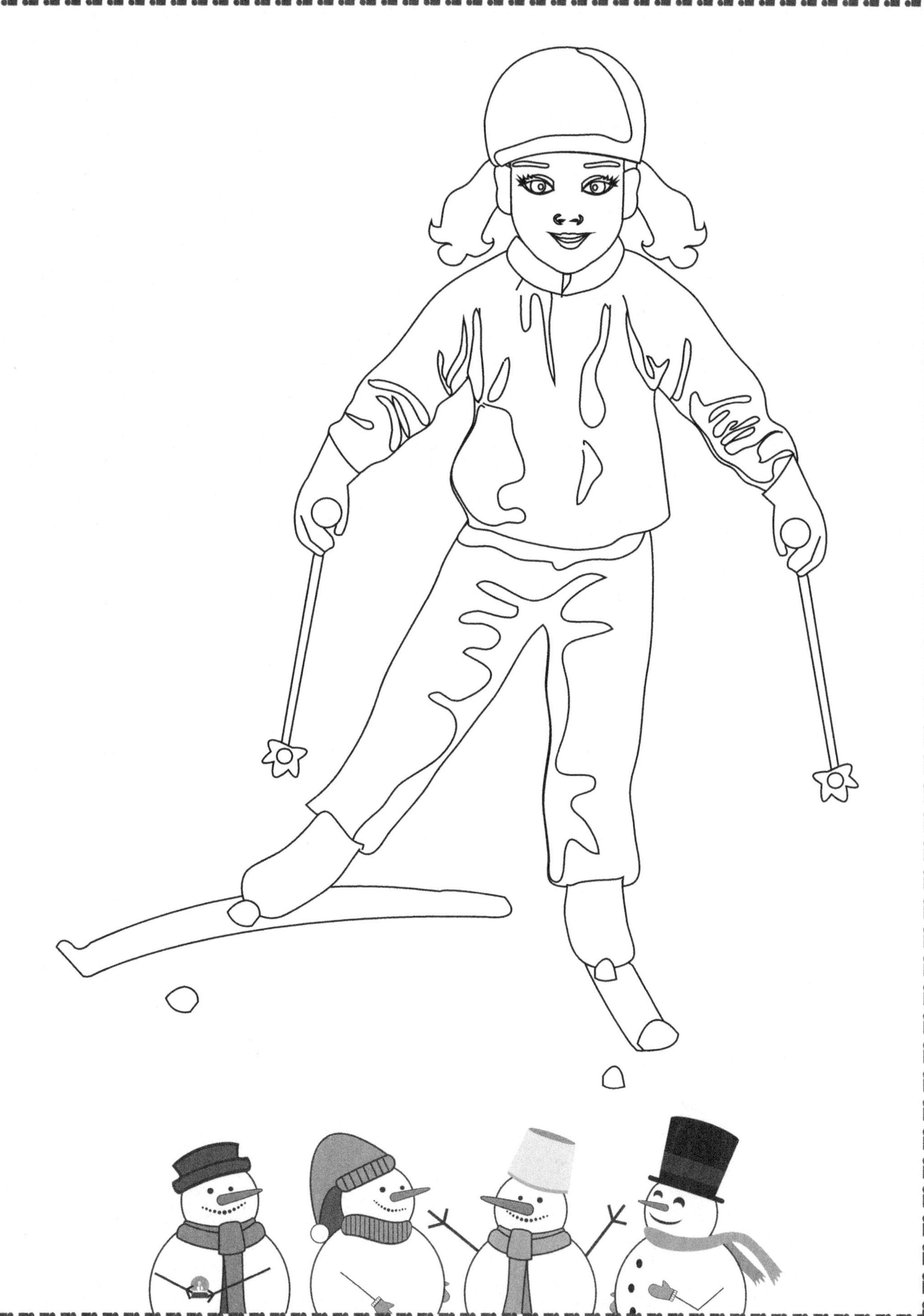

Made in the USA
Monee, IL
07 July 2026

56545430R00059